はじめに

グローバル化は簡単にはキャンセルできない。現代では、ヒト・モノ・カネ・サービス・情報・病気・犯罪・汚染など、あらゆるものが容易に高速で国境を越えていく。だとすると、それを飼いならしていく発想が必要ではなかろうか。

本書で扱うグローバル・ガバナンスというテーマは、そうした問題関心から出てくるものである。「ガバナンス」の原義は「操舵」にあり、「グローバル・ガバナンス」とは「越境する問題群の制御」を意味する。国が越境する問題群を制御できれば、それに越したことはない。けれども、近年の現象を見ると、そこで思考を止めることはできない。SARS（重症急性呼吸器症候群）であれ、鳥インフルエンザであれ、国境を知らない病原菌は、国家の統治の手をこぼれ落ちるように広まった。

また、市場に任せておけば済むのならば、それもいいだろう。ただし、市場が法や規制などのさまざまな制度が伴って初めて円滑に作動する性質を持つ一方、市場のグローバル化にそうした法・規制などの形成がしばしば追いつかないのもまた事実である。アジア通貨危機の起点となったタイ・バーツの暴落は、ひとつにはそのようなギャップから生じたのではなかったか。

こうして国家や市場の失敗ないし機能不全の先に、グローバル・ガバナンスの世界が拡がっている。しかし、越境する問題群を誰がどのように制御するのかは必ずしも定かではない。少しでもその世界をのぞきこむと、問題ごとに異なる実に多様な主体が、これもまた実にさまざまな形で関与しているのがわかるだろう。そこでは問題の制御にある程度成功している場合もあれば、そうでない場合もある。力のある主体がある解を押しつける事例もあれば、同床異夢のなかで多くの主体が協力している事例、はたまたデザインのないまま自然発生的に秩序を形づくっている事例など、現象は多岐にわたる。これらは、一つひとつ事例を検討してみる必要があるだろう。

実のところ、越境する問題群に取り組む主体や様式の多様性は、現代にだけ見られる現象ではない。むしろそれは、少なくとも数世紀をさかのぼり観察できるものである。ところが、現代のグローバル・ガバナンスの新奇さに目をとらわれる多くの研究は、類似の歴史的事例を十分に考察してこなかった。そこから汲みとれるヒントは豊かでありうるにもかかわらずである。

そこで本書では、越境する問題群への多様な対応を、現在と過去の双方にまたがって検討し、それを通じてグローバル・ガバナンスの論理を提示したい。そうすることで、読者の一人ひとりが、グローバル化時代に直面する課題の理解を深められれば幸いである。

目　次／グローバル・ガバナンスの最前線――現在と過去のあいだ

装丁：桂川　潤

◆本書を読むためのキーワード

グローバル化

グローバル化とはヒト・モノ・カネ・サービス・情報・病気・犯罪・汚染など、あらゆるものが容易に国境を越えていく状況を指す。越境的な現象は、古くから観察できた現象でもあった。金融であれ、疫病であれ、あるいは帝国や商人ネットワークであれ、それなりに越境して広がっていた。しかし、近年は、「より遠くへ、より速く、より安く、より深く」越境していく傾向が見られる。

グローバル・ガバナンス

ガバナンス（governance）とは、古代ギリシャ語で「操舵する」ことを意味していた。そこから、統御すること、統御されている状態を含意するようになった。グローバル・ガバナンスとは、グローバル化時代の操舵、すなわち、越境する問題のマネジメントを指している。

自由貿易原則

一九世紀の東アジアでは、自由貿易原則に基づく体制は、イギリス近代帝国主義と華僑ネットワークが相互依存する中で、機能していた。イギリスによって構築された自由貿易港や多角的決済網は華僑ネットワークにより活用された。また、自由貿易体制の下では、各地域は関税歳入が望めないため、日本のように地税収入に依存するか、海峡植民地のように華僑ネットワークにより供給される移民労働者のアヘン吸引からの徴税に依存した。

世界標準（グローバル・スタンダード）

貿易や投資が行き交い、市場がグローバル化するとき、基準やルールが各国のあいだでバラバラだと、市場が安定的に発展しない。そこで、基準を揃え、ルールを共通化し、規制のあり方をすり合わせようとする現象が見られる。世界標準とは、そうした基準やルールを地球的な規模で共有する試みである。国際会計基準、国際通信基準等がその例である。

銀本位制

一六世紀以降、銀を共通の媒介として、アジア、南北アメリカ、ヨーロッパを含む広域交易圏が形成された。中でも、中国は、銀を主要な価値の尺度と交易の媒介とする銀遣い圏として、一六世紀以降の世界的な銀流通を大きく左右するとともに、一九世紀以降、金本位制が展開し、各国政府がそれぞれ独自に通貨を発行するようになっても、広域に流通する貴金属である銀に通貨の価値基準を置く銀本位制をとり続けた。

アジア債券市場

アジア通貨危機の原因の一つは、欧米等からの短期資金が急速に引き上げられたことであった。しかし、アジア地域では貯蓄率は高いのであり、アジアの貯蓄が欧米等外部に流れ、それがアジアに短期資金等として回帰する構造になっていた。そこで、アジアにおいて効率的で流動性の高い債券市場を育成することにより、アジアにおける貯蓄をアジアに対する投資へと、よりよく活用できるようにすることを目的として、アジア債券市場が構想された。

国際衛生会議

国際衛生会議は、ペスト、コレラ、黄熱病を主な対象として、その防疫対策の国際的なコンセンサスの形成を目指して、一九世紀半ばより始まった。一九世紀後半には、コレラ対策、具体的には検疫という手段をめぐって熱心な議論が闘わされた。このような議論を経て、一八九二年にヴェネツィアで開催された第七回国際衛生会議において、初めての実効的な衛生条約である「スエズ運河の衛生制度に関する国際条約」が締結された。

新興・再興感染症

第二次世界大戦後、感染症対策は飛躍的に効果を上げてきた。一九七九年にＷＨＯが根絶を宣言した天然痘をめぐる対策は、感染症に対する人類の歴史的な勝利とされている。しかし、近年、先進国において制圧したと考えられていた感染症が再興する一方で、ＨＩＶ／ＡＩＤＳや、牛海綿状脳症（ＢＳＥ）、ＳＡＲＳ、鳥インフルエンザなど、新興感染症の頻繁な襲来を経験している。

華僑

大航海時代（一五世紀中頃―一七世紀中頃）には、中国国内で遠隔地交易に従事する商人グループが形成され、交易都市には同郷・同業の親睦互助組織としての会館や公所が結成された。同時に、商業活動を目的とする華僑はいっそう広範囲に南洋一円へと移住した。その後、一九世紀に東南アジアや日米等への新たな華僑移民のピークが訪れる。このような中国からの移民の背景には強い社会的上昇志向が存在した。

インド人商人

一九世紀前半から二〇世紀前半まで、アジア・アフリカ地域のほとんどは西欧諸国の植民地に組み込まれてきた。そうした中で、在来商人のネットワークのひとつであるインド人商人は、帝国や西欧資本のつくり出そうとした広域秩序を付随的に補うとともに、そうした広域秩序のインフラにあたる移動・通信・運搬・済などのツールを最大限に活用した上で、独自でときに競合的な広域的展開を生み出した。

家庭のグローバル化（グローバル・ハウスホールディング）

日本をはじめ、韓国や台湾・香港では、少子高齢化が急速に進んでいる。その中で、「ハウスホールド（家庭）」が、外国からやってきたお手伝いさん、乳母・ベビーシッター、また介護世話人を含み、あるいは養子縁組や国際結婚を通じて、血縁家族より広い輪へと変化する現象が見られる。つまり、家庭という最も身近な親密圏にも、ケア労働を介して、グローバル化は浸透してきている。

国際刑事裁判所（ICC）

国際刑事裁判所は、世界の平和・安全・福祉への脅威となる重大犯罪の不処罰に終止符を打ち、再発を防止することを目的に、戦争犯罪や人道に対する罪などの重大犯罪に関して、個人の刑事責任を問う史上初の常設国際裁判所として設立された。設立過程、設立後の運営においてNGOの関わりが大きいことも特徴的である。ただし、主権国家が中心的位置を占める国際社会の現状に鑑み、ICCでは国家の刑事管轄権尊重が依然原則とされた。

略語表

ABF　アジア債権基金
ABMI　アジア債券市場イニシアティブ
ADB　アジア開発銀行
AIDS　後天性免疫不全症候群
AMF　アジア通貨基金
APEC　アジア太平洋経済協力会議
ARF　ASEAN地域フォーラム
ARI　急性気道感染症
ART　抗レトロウイルス療法
ARV　抗レトロウイルス薬
ASB　財務会計基準機構の標準設定部門
ASEAN　東南アジア諸国連合
BACC　国際決済銀行アジア諮問評議会
BIS　国際決済銀行
BSE　牛海綿状脳症
CMI　チェンマイ・イニシアティブ
EAS　東アジア首脳会議
EEC　ヨーロッパ経済共同体
EC　ヨーロッパ共同体
EMEAP　東アジア・オセアニア中央銀行役員会議
EPCグローバル　電子タグ標準化に向けた欧米主導の世界的民間ネットワーク
ERPD　経済レヴュー政策対話
EU　ヨーロッパ連合
FASB　アメリカ財務会計基準委員会
FASF　財務会計基準機構
FDI　直接投資
G7(8)　先進七(八)カ国首脳会議
GATT　関税および貿易に関する一般協定
GDP　国内総生産
GFATM　世界エイズ・結核・マラリア対策基金
GOARN　地球規模感染症に対する警戒と対応ネットワーク
HAART　高活性ARV療法
HIV/AIDS　ヒト免疫不全ウイルス
IAS　国際会計基準

IASB　国際会計基準審議会
IASC　国際会計基準委員会
ICC　国際刑事裁判所
ICTR　ルワンダ国際刑事裁判所
ICTY　旧ユーゴスラビア国際刑事裁判所
IEC　国際電気標準会議
IFRS　新会計基準
IMF　国際通貨基金
IOSCO　証券監督者国際機構
ISO　国際標準化機構
ITU　国際電気通信連合
JBIC　国際協力銀行（日本）
LTCM　ロングターム・キャピタル・マネジメント
NGO　非政府組織
ODA　政府開発援助
OECD　経済協力開発機構
OMC　開放的協調
PECC　太平洋経済協力会議
PEPFER　米国大統領エイズ救済緊急計画
PLWHA　HIV／AIDSとともに生きる人々
PMC　ASEAN拡大外相会議
REMU　地域経済監視ユニット
SARS　重症急性呼吸器症候群
SEC　米国証券取引委員会
TBT協定　貿易の技術的障害に関する協定
TC　ISOの技術委員会
UNAIDS　国連エイズ合同計画
VCT　自発的カウンセリング・検査
WHO　世界保健機関
WTO　世界貿易機関

グローバル・ガバナンスの最前線

――現在と過去のあいだ

序章　グローバル・ガバナンスの最前線
——現在と過去のあいだ

遠藤　乾

1　はじめに——グローバル化時代のガバナンス

グローバル化する現代世界

グローバル化は加速し深化している。徐々に進行する温暖化は、G8や国連の場で世界的な対応を迫っている。二〇〇三年のSARS（重症急性呼吸器症候群）は、またたく間に世界中に広がった。二〇〇一年の九・一一同時多発テロ事件は、暴力のグローバルな拡散と威力を思い知らせた。一九九七年に起きたアジア通貨危機が、翌年にかけて世界に飛び火し、数億もの民の生活を混乱に陥れたのは記憶に新しい。

こうして現代では、ヒト・モノ・カネ・サービス・情報・病気・犯罪・汚染など、あらゆるものが容易に国境を越えていく。あるジャーナリストは、このグローバル化を「より遠くへ、より速く、より安く、より深く」越境していく過程と表現した（Friedman 1999, pp. 7–8〔邦訳一六頁〕、グローバル化一般については、ナイ&ドナヒュー二〇〇四も参照されたい）。

これは何を意味するのだろうか。グローバル化にはいくつかの顔がある。ある地域に豊富な産品が、不足する他の地域に越境し利用されることは、多くの場合、すばらしいことに違いない。昔から、モノが越境しないときには兵隊が越えていくといわれてきた。歴史をひもとけば、ブロック経済化が進んだときには、世界の平和も損なわれていた。したがって、自由な交易を妨げないことは大切なことである。むしろ越境的な商取引に伴う紛争を処理するしくみを整え、それを促進する環境を醸成する必要が出てこよう。

他方、越境するのはいいことばかりでもない。右記のように、テロも疫病も越えていく。通貨危機に見られたように、世界市場を経由し、夢も破滅も伝播する。これらが意味するのは、他国や他地域の一角で起きている一見周辺的な出来事に、無関心でいられないということだ。中国南部の田舎で起きていることは、かつては見過ごされていたかもしれない。しかし今や、それはSARSや鳥インフルエンザの温床として監視の対象としなければならない。同様に、タイのバーツのような通貨が世界的な通貨危機の起点になろうとは一世代前には考えられないことだった。投資ファンドが世界的にますます大きな資金を動かすなか、中小国の市場や通貨が持つ潜在的な影響力をもはや無視するわけにはいかない。翻ってみると、アフガニスタンにおけるイスラム原理主義者が米国にもたらした未曾有の惨劇も類例といえよう。統治能力に欠ける遠い小国の動向もまた、世界的な影響を及ぼしうるのである。

課題としてのグローバル・ガバナンス

ここに見られるのは、課題としてのグローバル化である。それは、かつては連結していなかったさまざまな要素が結びつき、想像を超えたスピードで、世界的な問題になりうることを意味している。そうした問題をどのようにマネージしていくのだろうか。

最現代に生きるわれわれにとって、これは喫緊の課題であり、ここに「グローバル・ガバナンス」という問題群が浮上する。元来、ガバナンス (governance) とは、古代ギリシャ語で「舵手 (kybernes)」を指し、「操舵する」ことを意味していた。そこから、統御すること、統御されている状態を含意するようになった。「グローバル・ガバナンス」ということばは、グローバル化時代の操舵のことで、本書では越境する問題のマネジメントと広く括っておく。

ただし、このグローバル・ガバナンスは現代世界ではそう簡単に実現できないのである。というのも、世界は広く、二〇〇ほどの主権国家によって領域的に分断されており、全体として非常に分権的なつくりになっているからである。たしかに、相対的に強い国はある。かつての英国、現在の米国はそうした例であろう。しかしながら、どの単一の国家も世界の隅々にまで命令を貫徹できるほど強くはない。また国連のような普遍的な組織は存在するが、これもまた単体で世界を支配できる存在ではない。そもそも主権国家システムは、国家の上位に権威や価値を認めないという特質を持っているのである。

それでは、このように分権的な世界で、いかにして越境的な問題のマネジメントを成し遂げるのであろうか。市場に任せてしまうというのはひとつのやり方であろう。あるいは、国家と国家のあいだの外交や協力によって対処するのがよいかもしれない。実際に、そうして片付く問題は少なくない。ただし、現代における「ガバナンス」という概念は、市場と政府（＝ガバメント）の失敗ないし機能低下の先に浮上してきたことに留意する必要がある。すなわち、「グローバル・ガバナンス」とは、もともと世界政府が不在ななか、顕在化する越境問題に対し、市場メカニズムや国家間外交・協力だけでは効果的に対処できないという問題意識に裏打ちされているのである。

先の通貨危機の例でいえば、タイ政府の制御を超えた短期資本の動きが危機につながった。ここでは、グローバルな市場からの資本流入が、規制の不十分な国内の金融部門との相互作用のなかで、不健全な信用拡大を加速させた後、一転して、信用不安に伴う資本流出、通貨危機、金融パニックの連鎖が生じたのである。また、ＳＡＲＳや鳥インフルエンザの例をとれば、中国政府は国内で効果的に対処できなかっただけでなく、当初はその存在を隠そうとすらした。この問題は、国家により仕切られた領域のなかで政府が能力不足ないしは機能不全の状態にあり、それが越境して波及したために起きたのだといえる。さらに、タリバン政権下のアフガニスタンにおけるアル・カーイダの存在も、再び類例としてカウントし得よう。国家政府による領土内の暴力集中と治安維持はそこでは果たされず、結果としてテロリズムが越境していったのである。

グローバル・ガバナンスの新しさ？

これらはすべて現代のグローバル化に付随する問題である。しかしながら、これらの越境問題は、どこまで新しい現象だろうか。

グローバル化やグローバル・ガバナンスということばは新しくとも、越境的な現象が今になって初めて見られたというわけではない。古くから交易はあり、ヒトもカネも情報も流れていた。コレラやスペイン風邪などの疫病はもとより国境を知らなかったし、それらへの対策も不可避的に越境した。また時期や場所によっては、自由貿易を容易にする諸制度や金銀を中心とした決済システムも国をまたいで成立していた。他国への介入を伴う国際的な会議、制度、機構は、とりわけ一九世紀以降、発達してきた。これらの背後には、しばしば脱領域的な権力体やネットワークの存在が垣間見られたのである。つまり、問題の越境も、それへの対処の越境化・国際化も、はたまた国境横断的なアクターやネットワークも、新しい現象とはいえず、歴史的に積み上がってきているのである(山本 二〇〇三および城山 一九九七、第一章参照)。

2　グローバル・ガバナンスの特徴

その越境的な現象の歴史性を念頭に置きながら、まずは現代におけるグローバル・ガバナンスの特徴とそれにまつわる言説の問題点を振り返ってみよう(この点については、中井 二〇〇四、毛利 二〇〇二、渡辺・土山 二〇〇一 の第一部をあわせて参照されたい)。

アクターの分散

「ガバナンス」ということばは「政府＝ガバメント」と異なる。これは越境マネジメントに関与する中心アクターが「政府＝ガバメント」だけに絞られず、他の多くにまたがる現象をいい当てるものである。あるいはむしろ、そうした多様なアクターに光を当て、ひいては重視する機能を持っているといい換えてもよい。

たとえば、比較的市民権を得た日本語に「コーポレート・ガバナンス（企業統治）」がある。米国流の経営スタイルが日本に入るにつれて流通力を増したことばである。その内実は、かつて日本における会社が「家」意識のなかで役員や社員を重視し、いわば「内向き」に経営していたのに対し、株主や消費者という存在に光を当て、「外向き」に経営していくことであった。そうでないと、株主総会で経営方針や経営陣はひっくり返され、下手をすると会社が乗っ取られる。また、品質や安全の管理を怠った結果、消費者からあっという間に見放され（なかには会社がつぶれ）る事態が続いているのである。ここでは典型的に、視野に入れるべきアクターが拡散しているのが見て取れ、「ガバナンス」ということばを当てる意味が存在している。

「グローバル・ガバナンス」も同様である。グローバル化の深化と加速とともに、かつて中央政府＝ガバメントに集約されていた中心的なアクターが拡散し、逆に周辺的だと思われていたアクターの重要性が明らかになっている。後に取り上げる一例を紹介しよう。二〇〇三年初頭にＳＡＲＳが猛威を振るったとき、危機管理の一翼を担い、急速にプレゼンスを増したのは、WHO（世界保健機関）であった。権限も予算も決して大きくないこの組織は、世界中に散らばった複数の研究チームを協力させ短時間でSARSウィルスを特定しただけでなく、震源地である中国に対し査察を試み、複数の地域への渡航延期勧告を出すなど、重大な役回りを演じた。並行して、SARS対策の最前線に立ったのは、政府のみならず、病院であり、ホテルや空港であり、はたまた大学などの教育機関でもあった。いうまでもなく、病院は、SARS（らしき）患者を処置する場であり、そこでの二次感染のリスクは大きいものだった。ホテルや空港には、潜在的な患者を含めた人が往来し、移動の自由の制限を含めて、すばやい判断が求められた。こうした事情は、留学生を派遣し、また受け入れていた大学などにも当てはまった。多くの教育機関で、派遣留学生を引き上げるべきか、いっそうすべきか、あるいは来たばかりの留学生をどう扱うべきか、強制隔離（quarantine）すべきか、どの程度（何日）にすべきか、などの判断を迫られた。こうして、グローバル化の最前線に、従来周辺的と思われたアクターが引きずり出されたのである。

重層的なガバナンスとユニットの相似性

このようなアクターの拡散を、グローバル・ガバナンスとの関係で、どのように特徴づけることができるだろうか。少なくとも二つの関連する事柄を指摘し得よう。ひとつは、市民社会から国際機関まで、重層的な世界秩序像が優勢になることである。そのイメージの下では、主権国家の政府機能は相変わらず大事でも、その上に国際機関が、下には市民社会や地方政府といった諸アクターが、統治を引き受けている。先の感染症の事例だと、WHO、各国政府から病院、空港、大学に至るまで、全体として課題をマネージする統治構造（ガバナンス）が生成する構図となる。

さらに、これは、それぞれの次元や単位（ユニット）におけるマネジメントが、近似するものとして問われることを意味する。再び同じ例を引けば、病院の病室や大学における意思決定（「クリニカル・ガバナンス」や「大学ガバナンス」などと呼称される）から、政府の内部調整やWHOの機能に至るまで、各次元・単位のあり方を同様に検討する糸口を与えるのが、このガバナンスという概念なのである。したがって、グローバル・ガバナンスにおいては、他の複数のアクターによって数的に政府＝ガバメントの重要性が相対化されるだけでなく、それは質的に他の単位と同類とみなされる。その先に、国際機関から市民社会までの諸アクターの機能やマネジメントを重視し、それぞれのルールや役割を問いただすこととなろう（特に地方自治との関連でグローバル化を論じたものとして、山口他二〇〇三を参照）。

連結性とスピード

そうするにはわけがある。というのも、グローバル化時代にあっては、小さな単位におけるガバナンスが、領域内外の移動が密になり、他の次元や単位と容易かつ迅速に連結するにつれて、大きな問題になるからである（この点を強調するものとして、コヘイン＆ナイ二〇〇四、特に二五頁）。SARSの場合、たとえばヴェトナムの病院や香港のホテルにおけるマネジメントのあり方が、世界中に影響を与える格好となった。それは、通貨危機の起点となったタイの金融市場のあり方についてもいえることであった。

同国の市場で生じた金融不安は、コンピューターのネットワークに乗り、投資ファンドや格付け会社などを介して、他の金融市場にあっという間に波及していった。従来周辺的と考えられていた単位におけるガバナンスは、こうして軽視できない課題として浮上するのである。

多元化と選択肢

その上で、グローバル・ガバナンスは二重の対処を志向する。ひとつは、右記のように、重層的に、いわば縦にアクターや場を多元化し、グローバルからローカルまでの最も適切な次元や単位（の組み合わせ）で、問題に取り組むものである。今ひとつは、グローバル化に並行して越境し、いわば横にアクターやネットワークを伸ばして対処するものである。この場合、帝国や国際機関から、国境横断的な市場、市民社会、ネットワークに至るまで、越境的なアクターや場を視野に入れ、活用していくことになる。

これらが意味するのは多方面にわたりうるが、ひとつには潜在的な選択肢の増大であろう。場や次元が複数化しているということは、たとえば、帝国や大国が国益増進のために使う道具立てが増えたり、あるいは民衆や市民の側から見れば、自己実現や抵抗のルートが増えることをも意味しうる。逆に、このような道具立てやルートの存在が、そうしたアクターにとって障害として意識されることもあろう。そして、そうであるからこそ、現にどの次元や場（の組み合わせ）が支配的になり、それが誰にとって有利なのか、具体的に検証する必要も出てくる。というのも、すぐ後に述べるように、その選択こそが権力と関わり、また利益を得る集団と不利益を被る集団の双方が不可避的に生じるだろうからである。

3　グローバル・ガバナンス論の課題

あらゆる概念と同様に、グローバル・ガバナンスをめぐる言説は、こうして述べた特徴ゆえに、そのネガとして、一定の課題を抱えることにもなる。以下では、それに触れておこう（この点については、特にLederer and Müller 2005, Barnett and Duvall 2005が参考になる）。

機能主義と市場

まず、グローバル・ガバナンス論は、明らかに市場のグローバル化と軌を一にして登場し、冷戦後のアジェンダを示唆してきた。市場を主舞台にしてヒト・モノ・カネ・情報が越境し、それとともに、疫病や紛争まで国境を越える。ここで先立つのは、そのことがもたらす問題やリスクをどう効果的にマネージするかという問題設定であった。グローバル・ガバナンス論は、一般にその問題設定を所与とし、それ自体を争わない（グローバル・ガバナンス委員会 一九九五、横田 二〇〇六）。

たとえば、国境を境にして取引の方法や基準が異なれば、それは取引の上では不都合である。したがって、その観点からは、国境横断的なルールや基準の整備や共有が試みられよう。貿易の自由化をめぐるグローバル・ガバナンスは、その必要性を疑わないのである。かわりに、どの主体と手法を組み合わせれば、最適にマネージできるのかが中心的な課題となる。同様な構図は、感染症であれ、戦争犯罪であれ、問題ごとに見出せよう。国境を越えてくる「病」や「罪」の定義が根本的に異なるような事態は避けなければならないし、そうしたリスクを押さえ込むのに最適なアクターや次元（の組み合わせ）が模索されるのである。

この基底にあるのは、機能主義である（Lathan 1999, p. 31）。そこでは、必要性が課題を設定する。この立場に立てば、問題が解決ないし緩和するのならば、誰がどの次元でどう処理するのかにはこだわらない。それは、一定領域内の事柄は国家が管轄する（べき）という主権原理とは異なる。そうではなく、グローバル・ガバナンス論は多様なアクターや選択肢を奨励する。その言説体系においては、たとえば、市場が越境して成立し機能していれば、その状態は継続されたままでかまわない。あるいは、国境を越える商取引の紛争が生じ、その解決に移民ネットワークが有効ならば、問題解決は容易にそのネットワークにゆだねられる。はたまた、ある環境問題への取り組みやテロリズムの抑制にとって、国家内の強力な統治と国家間の協力との組み合わせが最適な方法ならば、それを排除する理由もグローバル・ガバナンス論にはないのである。

さらにいえば、「ガバナンス」ということばは、成功を内に志向している（Späth 2005, p. 35）。今や古典となったグローバル・ガバナンス論で、ローズノーはこう述べた。「ガバナンスは、体系的な持続問題（persistence）に対して必要な機能を果たす上で、常に効果的である。そうでなければ、それは存在しないとみなされる（だから、無効なガバナンスというかわりに、みな無秩序や混沌を語るのである）」（Rosenau 1992, p. 5; cf. Rosenau 1997）。つまり、ガバナンスとは、機能的な必要性に対して、一定程度成功していなければならない宿命を帯びており、グローバル・ガバナンスとは、言説上、グローバル化がもたらす多様な課題をマネージしていなければならない、さもないと存在しない代物なのだ。

ガバナンスと権力

しかしながら、こうした傾向はいくつかの問題をはらんでいる。それはまず、権力の作用を隠蔽する機能を持つ（Barnett and Duvall 2005, p. 6）。権力とは、誰かがほかの誰かに対して「言うことを聞かせる」ことであるが、グローバル・ガバナンス論においては、必要性にどう対処するかという課題の前に、この権力という問題意識が後景に退く。権力を問題にするならば、その必要性は誰がどう設定したのか、を問うべきであろうが、それはすでにどこかで決められているかのように語られる（Späth 2005, pp. 37–38）。そこでは、誰がどう「言うことを聞かせる」のかは、課題が緩和・解決してしまえば、二の次の事柄なのだ。これと並行して、さらに政治も後景に退くだろう。政治は、誰が何ゆえに「言うことを聞かせる」のか、まさに権力や正統性を問うてきたからであり、またそうしながら、誰のいかなる機能的な必要性かという問いのなかに、さまざまな諸価値（たとえば自由、平等、正義など）のあいだの闘争を見出してきたのである。これと逆に興隆するのが、いわゆる行政でありマネジメントであろう。それは、すでに一定の枠をはめられた価値をどう効率的・効果的に追求するかという問題に取り組むのである。

しかし、一定の枠がはめられ、どこかで決められたかのように語られるその必要性は、本来なら行政やマネジメントにおいても、誰のいかなる必要性かという問いを本来あわせ持っている。それはもしかすると、巧妙に定式化されながら、すでに権益を得ている企業、官庁、大国・帝国、国際機関にとっての「必要性」であり、「課題」かもしれない。その「必要性」に対処することで、失う者と得る者が出てくるかもしれない。また、アクターにより思惑が違うこととも関連するが、機能主義的に設定された目的同士が矛盾していることもしばしばあり、その意味で「必要性」設定の恣意性は機能主義自体が日常的に経験せざるを得なかったことである（たとえば、貿易と環境のあいだの緊張関係を想起されたい）。とすると、決められたかのように語られる「必要性」もまた、争いの種となりうるだろう。さらに、「必要性」に大まかな同意が見られる場合でも、それをどのように実施するかという段になると、また利害が対立する可能性もある。こうして、問題設定と課題対処の双方において、誰にとってどのような問題であり対処なのかという問いが重要になる。これは、「グローバル・ガバナンス」ということばが、権力作用を後景に退けながら一見中立的に「必要性」に対処する傾向を持つゆえに、注意すべき点であろう。最後に、この概念が、現代という時代に英語圏で語られ始めたという事実には、この二世紀ほどの覇権のあり方ともあいまって、多少敏感であったほうがいいのかもしれない（この点に言及したものとして、Friedrichs 2005, pp. 54ff)。というのも、「前近代的」や「野蛮」といった形容をされる世界のなかには、当事者にとって十分機能する越境ガバナンスが成立していたかもしれないからである。ともあれ、グローバル・ガバナンスを語る際に留意すべきなのは、隠された権力作用や前提とされた機能的必要性の中身である（グローバル・ガバナンスをめぐる権力作用については、すでに挙げたLederer and Müller 2005, Barnett and Duvall 2005 とともに Väryynen 1999, 小林・遠藤 二〇〇〇を参照）。

関連して付言すれば、グローバル・ガバナンス論が、グローバル化の諸問題にどう取り組むかという必要性を所与としながら、国家政府＝ガバメント以外のアクターや次元をエンパワー（奨励）している点にはすでに触れた。これは、主権国家による権力や正統性の独占状態に対する異議申し立てとしては、有効である。しかし、そのような言説の下で、帝国であれ、国際機関であれ、はたまた越境する社会ネットワークであれ、これらのアクターの権力や正統性が奨励される分、逆に問われにくい構造を持ってしまっている。この問題性は意識しておいてよいだろう（グローバル・ガバナンスを越境的市民社会、特に欧米のそれのためのプロジェクトだとするFriedrichs 2005, および大国間合意を優先するものだとするアイケンベリー二〇〇一を参照）。

「うち」と「そと」

最後に、このようなグローバル・ガバナンス論は、主権国家システムが持っている内／外の峻別をなしくずしていく機能を持つ。主権国家システムは、領域で仕切られた国内外で統治原理を変更する。そこでは、国内は管轄の対象であり、統御が行き届く（べき）世界なのに対して、国外は基本的に他国にゆだねられ、外交などの協調回路を除けば、統御不能ないし不可とイメージされる。

他方で、グローバル・ガバナンス論はその領域内外にまたがる現象に着目し、越境するアクターや場を奨励することで、全体を包摂しようとする。より正確にいえば、制御の必要性の内部世界（「うち」）に、市場システムと主権国家システムにより制御し得ないとイメージされた「そと」を取り込もうと試みるのである（Späth 2005, pp. 29ff）。

先の例に倣えば、感染症の温床と疑われる中国南部は、国境の「そと」にあるものの、グローバル・ガバナンスの「うち」側に位置し、制御の必要に応じて規制や介入の対象となる。タイ金融市場における短期資本も、アフガニスタンのイスラム原理主義者も、同様である。

このような考察からすると、グローバル・ガバナンスの持つこの国境横断性が、「帝国」や「ネットワーク」といった同様に本質的に脱領域的なシステムと親和性を持つのは偶然ではない。それは、領域を特定せず、機能的必要性の世界のなかに、ありとあらゆるアクターを引きずり込むのである。

4　本書の課題――グローバル・ガバナンスの現在と過去

さて、以上のような問題意識を受けたとき、本書の課題はいかなるものであるべきだろうか。とりわけ、グローバル化が深化加速する現状を背景に出現した「グローバル・ガバナンス」は、その出現のはるか前から存在する歴史的な越境現象や対処メカニズムとの関連で、どのように捉えるべきなのだろうか。

グローバル・ガバナンスの現場知と現状把握

まず、グローバル・ガバナンスが比較的新しいことばであることに異論はあるまい。それは基本的には、冷戦終結後、グローバル化の進展とともに本格的に流通するようになったものである。それが求めるのは、日々「動く標的」としてのグローバル・ガバナンスを把握することであろう。ヒト・モノ・カネ・サービス・情報・病気・犯罪・汚染などの越境的な移動はいかなる状況にあるのか。それは変わりゆくどのような問題を生み、また対処がなされているのだろうか。これらは、いくつかの事例にあたり、ひとつひとつ検討する必要があろう。

その際、すでに述べたようなグローバル・ガバナンスの特徴とその言説が持つ問題性を踏まえ、どのようにアクターや場が多元化し、それぞれの領域においていかに問題の対処に当たっている(た)のか、具体的に分析することとなろう。機能的必要性はいかに設定され、どのように実行に移され、どこまで実現しているのか。またその際、どのアクターがいかなる権力を行使するのか、はたまた抵抗の手段を見出していくのか、さらにどんな問題が「そと」に弾き出されるのか、といった点にも留意したい。

グローバル・ガバナンスの歴史的位相

従来のグローバル・ガバナンス論のひとつの大きな問題が、権力性の隠蔽だったとすると、もうひとつの問題は、その歴史性の軽視にある。

すでに触れたように、グローバル・ガバナンスということばは新しくとも、越境的な現象もそれへの対処も、古くから観察できた。金融であれ、疫病であれ、あるいは帝国や商人ネットワークであれ、それぞれに越境して広がり、また成立していた。にもかかわらず、グローバル・ガバナンスは、もっぱら最現代の現象として語られ、せいぜい第二次世界大戦後のブレトン・ウッズ体制の成立の経緯や、一九七〇年代のレジーム論の系譜と絡めて振り返られるにとどまり、それ以前の歴史の分析と接合されることは稀だった(ヤング二〇〇一、毛利二〇〇二)。

だとすると、グローバル化の時代に生きるわれわれの指針は、現状を注視するだけでなく、大きな歴史のなかに汲みとることから始めなければならない。越境する問題とそれへの対処を、いったん歴史の流れのなかに置き直してみるということは、過去の成功や失敗の類例から学ぶことを意味する。そしてそれは、現代のグローバル化の特徴とされるスピード、コスト、深度などの意味を改めて問い直すことにつながるであろう。

そこで本書は、現状を検討しながら、歴史のなかに、現状への示唆を汲みとってみたい。ヒトの移動であれ、モノ、カネ、病気の動きであれ、はたまた情報や規範の伝播であれ、歴史を分厚く切りとり、そこにある動きや考えを掘り起こせば、多くの示唆を得られるはずである。

こうした観点から改めて翻ってみると、歴史学における、とりわけアジア史の再検討のなかには、近代における欧米主導の越境的なガバナンスのあり方に対し、異なる秩序の再発掘や再提示を試みる作業が見受けられる。ただしその多くは、個々の国民国家を基本的な単位とした抵抗物語として語られた経緯がある。これに対する修正は、すでに一九八〇年代から始まっており、越境システムの再評価を含むものであった。とりわけ、中国を中心とした華夷秩序など、非西洋世界の広域秩序に注目が集まったのである(代表例として、濱下一九九〇)。

本書は、歴史学の成果と接合する上で、こうした再検討の潮流のなかにヒントを見出し、帝国や市場がもたらす越境的なシステムの効能に着目したい。また、これまで西洋の帝国に対する「抵抗」の物語のなかで描かれる傾向にあった「自生的な」ネットワークや集団について、構築された広域インフラをどう利用してきたのかといった観点からも検討することとなろう。先に述べたグローバル・ガバナンスの言説と関連させると、これは、帝国のもたらした非主権国家的な資源や回路が、移民ないし商人ネットワークにいかなる選択肢の拡大をもたらしたのかを検討することにつながる。さらにいえば、大英帝国や日本帝国の側も、アジア商人のネットワークを利用しながら拡大・機能していったのであり、そこには緊張だけでなく相互補完的な関係をも見出せるのである。

このように歴史的経験をあわせて取り上げる本書は、現代のグローバル・ガバナンスが西洋語として登場し、欧米主導の性格を指摘される現状に対して、以下の二つを重視することとなろう。ひとつは、歴史的に存在した非西洋的な越境秩序を、グローバル・ガバナンスの例として捕捉することである。これは、たとえば、イギリスによる自由貿易システムや金本位制をとらずとも成立していた、東アジアの交易・通貨システムの経験を直視することにつながる。これと関連したもうひとつは、中国の存在である。交易であっても、通貨であっても、必ずしも欧米流のグローバル・ガバナンスに呑み込まれずに、自前の機能する越境システムを長らく保ち続けてきた中国は、従来語られてきたグローバル・ガバナンスのいわばネガとして、以下の行論のなかでたびたび浮かび上がる。ここでは、その問題性を意識化・争点化するよう努めることになろう。

これらは、現代に特有の、西洋主導の現象としてのみグローバル・ガバナンスを語る多くの先行研究の死角に入っており、歴史的な分析によってこそ拾い上げられる現象や秩序なのである。

5　本書の構成

こうした問題意識や課題に照らし、本書ではグローバル・ガバナンスの歴史と現状の双方を取り扱う。まず第一部では、グローバル・ガバナンスの世界を、現代によく見られる身近な事例を通じてのぞいてみよう。たとえば、「世界標準（グローバル・スタンダード）」ということばを聞いたことがある人がいるのではなかろうか。貿易や投資が行き交い、市場がグローバル化するとき、ルールが各国の間でバラバラだと、市場が安定的に発展しない。そこで、基準を揃え、ルールを共通化し、規制のあり方をすり合わせようとする現象が見られる。世界標準とは、そうした基準やルールを地球的な規模で共有する試みといえる。そこで第一章（遠藤乾担当）では、世界標準の典型例として、国際会計基準を取り上げたい。そこでは、欧米の主導の下で、国境横断的な民間団体が、公的機関と協働しつつ、基準設定に決定的な役割を果たし、本当にグローバル化が進行している様子が明らかになる。

第二章（城山英明）は、現在進行中の東アジアの地域金融協力が、ＩＭＦ等を背景とした米ドル中心のグローバルな経済的ガバナンスと東アジア地域における政治的ガバナンスに対してどのような含意を持つかについて検討する。一九九七年には、米などの投資会社の動きを端緒にして、タイやインドネシアなどの東アジア諸国から急速に資金が引き上げられる事態が生じ、未曾有の通貨危機に発展した。これは、国際的なドルペグと不十分な国内市場規制という特異な制度的セッティングの下、コンピューターのネットワークを通じて瞬時のうちに巨額のカネが世界中を駆け巡るという状況で生じた出来事であった。そして、このときの反省は、ひとつには東アジアのなかで資金が還流する仕組みをどうつくるかという議論に行き着き、アジア債券市場の構築という課題設定に至った。この章では、簡単には進まない債券市場構築を含めた地域金融協力や、関連する東アジア国際組織化の動向を分析するとともに、そもそも設定された従来の課題設定の限界をも指摘し、東アジアにおける金融グローバル化への対応を契機とする経済的政治的広域ガバナンスのあり方を考察することにしよう。

第三章（河島さえ子）は、刑事裁判のグローバル化について考える。二〇〇二年、国際刑事裁判所規程が発効し、オランダのハーグにて国際刑事裁判所（ＩＣＣ）という新しい国際組織が稼動した。米国は未加盟なのだが、すでに一〇五カ国がこの裁判所の構成国となっており、日本も二〇〇七年夏に正式加盟した。これにより、加盟国において、そして時には非加盟国においても、戦争犯罪やジェノサイドに関わった人を（当事国ができないときに、補完的に）ＩＣＣで処罰することができるようになった。この越境的な刑事裁判は、刑事裁判と国家権力の密接な関係を思い起こすとき、画期的に映る。また、ＩＣＣはただ単に加害者を処罰するのでなく、被害者の救済を含めた社会全体の回復・平和構築を目指す新しい法や正義のあり方を探る組織でもある。これを、処罰に重点を置く「応報的正義」と区別して、「修復的正義」と呼ぶが、こうした側面やさまざまな課題を含めて、国際的な次元における刑事裁判のあり方について、この章では理解を深めたい。

第四章（元田結花）では、感染症への対策に焦点を当てる。すでに触れたように、近年はＳＡＲＳや鳥インフルエンザなどの流行に関心が集まり、国際的な取り組みの重要性が指摘されている。また、世界的に感染者が増大しているＨＩＶ／ＡＩＤＳは、特にアフリカをはじめとする途上国に甚大な被害を及ぼしており、主要国首脳会議（Ｇ８）などでも迅速な対応が繰り返し求められている。かくも緊急の課題となった感染症対策の担い手は、世界保健機関（ＷＨＯ）などの国際機関から、感染の拡大する現場の医療スタッフや市民社会の諸アクターまで、きわめて多岐にわたる。これらのアクターが直面する問題とその対応策、その結果もたらされる影響について、それぞれが有する能力や資源にも目を配りながら、ＳＡＲＳとＨＩＶ／ＡＩＤＳを例として分析を進めていく。

第一部の締めくくりとして第五章（遠藤乾）では、「グローバル・ハウスホールディング」という耳慣れない現象について考えてみたい。まず、日本をはじめ、韓国や台湾・香港では、少子高齢化が急速に進んでいる。そのなかで、とりわけ台湾や香港で顕著なように、「ハウスホールド（家庭）」が、外国からやってきたお手伝いさん、乳母・ベビーシッター、また介護世話人を含み、あるいは国際養子縁組や国際見合い婚を通じて、血縁家族（ファミリー）より広い輪へと変化する現象が見られる。つまり、家庭という最も身近な親密圏にも、家事・ケア労働を介して、グローバル化は浸透してきているのだ。このような現象は、家事・ケアの担い手がたいてい東南アジア出身の女性であることも手伝って、男女の役割分担を固定化するものだという批判もある一方、忙しい共働き夫婦や一人暮らしの世帯を支え、また海外送金により送り出し国の経済的厚生に役立っている面もある。日本においても、フィリピンやインドネシアとの経済連携協定の締結の際、看護師・介護士の受け入れを明記したが、これもケアの需給が国際化し、ひいてはグローバル・ハウスホールディングが進む可能性を示唆している。これと同時に、中国(沿岸部)において大規模な少子高齢化が進行し、また一人っ子政策のゆがみにより、世代によっては将来的な男女比が一二〇対一〇〇程度になる可能性も指摘されている。この先、東アジアにおいては人口移動圧力が高まり、女性のケア労働者の取り合いのような様相を呈する可能性もないわけではない。こうしてこの章は、各国の人口動向、国境を越えた人の移動、ジェンダー、福祉のあり方、そして送金や貧困など、多くの問題に触れることになる。

第Ⅱ部では、第Ⅰ部で扱ったテーマに接点を持つような歴史的事例を分析する。というのも、すでに触れたように、越境する現象もそのマネジメントも、それ自体は新しい事象ではないのであり、多くの類例があるからである。こうした観点から五つの章を用意しよう。

第六章(籠谷直人)は、一九世紀におけるヨーロッパ文明標準の伸張とアジアの反応について議論する。ヨーロッパ発の主権国家間システムは、立憲制・金本位制・自由貿易体制の原則とセットで、アジアに伝播した。「立憲制」は、その国家行動を財政予算に反映させ、通貨の対外的価値を予算規模と深く関係させたから、多くの国家は自国通貨価値を注意深く見守り、そして財政の健全性を重視した。そして「金本位制」は、多くの小国を多角的決済網の中心であるロンドンにつなげ、さらにロンドンは、その金融中心の成長を、財の自由な移動、つまり「自由貿易体制」の拡張に求めた。イギリス領インドは、植民地という環境下においてこの三つを強制され、主権国家となった日本も一九世紀末までにはこれらを受け入れた。しかし、全国的な植民地化を免れ、自ら帝国でもあった一九世紀までの中国にそれらが浸透することはなく、中華民国成立後も帝国的なシステムが残存することとなった。同時に、沿海部の諸都市が対外経済に開放され、この中国とイギリスという二つの帝国の交錯するなかで、中国からは華僑華人労働者がイギリス領の東南アジア植民地へ渡航し、あわせて商人のネットワークを伸張させた。中国をひとつの中心とするアジアの広域経済は、そうしたネットワークに下支えされており、それはそれで機能していた越境ガバナンスの一形態であったのである。

第七章（城山智子）は、アジアを中心に展開した銀を介する交易取引を取り上げる。一六世紀には日本と中南米から大量の銀が供給される一方、アジアには銀への、そして欧米にはアジアの特産品への強い需要が存在した。これらが結びついて、世界規模での交易が展開することとなった。商品への対価として中国とインドに流入した銀は貨幣として流通し、域内に通貨システムを形成した。一九世紀半ば以降、英国の覇権の下で金本位制が世界的に優位になった。そのようななか、中国社会では、二〇世紀の途中まで伝統的な銀本位制が維持され続けた。歴史的に銀によって支えられてきた貨幣への社会的信認は、清朝政府末期から辛亥革命による中華帝国の崩壊、そして中華民国初期にかけて続く当時の混乱の下で、政治権力による不当な貨幣制度への介入を防ぐ、きわめて重要な機能を果たしていたのである。中国を中心に長らく機能し続けたこの銀の世界を描写することは、必ずしも英米本位でない広域経済秩序の歴史的な経験を明らかにすることでもある。それは同時に、一国家＝一通貨を前提とする国民国家型の通貨ガバナンス観を相対化する経験であったといえよう。

第八章(脇村孝平)は、国家では制御し切れない、空間を超えてやってくる疫病や環境の変化を歴史的に分析する。特に、広域な領土を持ったイギリス帝国がこうした環境問題を考えていた。その際、まずイギリス本国人の健康が優先された。しかし、環境を制御しようとするシステムは、提供者の意思を超えて公共財になっていく。たとえば、ベンガルのコレラへの対策はその好例である。一九世紀以降のインド支配のさなか、ベンガルの土着病であるコレラは、イギリスによる開発の結果、越境して広がるようになった。内陸部の鉄道、高速化した船舶輸送などが、その伝播を後押しし、イギリス人は対応を迫られた。そして、そのときフランスなどと協力して形成された越境的な検疫システムが、後世に残ることになるのである。

第九章(陳來幸)と、第一〇章(大石高志)は、政府による直接の庇護を受けない商人集団ネットワークを検討する。ヒト、モノ、カネ、そして情報などの資源を調達するときに、市場は価格を介して未知の二者間で取引を行い、企業をはじめとする組織は階層的な指令系統によってそれを実現する。しかし、商人のネットワークは、長期にわたって維持されてきた対人関係における信用を基礎として限られた資源を調達するのである。たとえば、災害や危機などの環境変化が生じて政府による保護が十分でないとき、また公権力と在地社会もしくは移民社会との社会的・文化的距離が大きい場合、あるいは有力な民間資本に、被雇用者や一般在住者・移住者への十分なコミットメントを望めない場合などである。地縁、血縁、はたまた宗教的なネットワークは個人の自由な選択を制限することもあるので前近代的とみなされてきたが、ある程度の排他性は、環境の激変に対しては資源の安定的な調達に資するわけである。第九、第一〇章は、こうしたことを、華僑華人やインド人商人のネットワークがもたらした安定的な市場秩序を通じて検証している。特に第九章が強調しているのは、所有権の保護と契約の履行の上で国家権力の支配に限界があるとき、華僑などの商人集団が、遠隔地の代理人の不正行為に対して結託して制裁を加えることで取引を持続していたことである。司法や公権力の後援がなくても、共同体や会員制組織は、市場を動かすシステムを構築できるのがここでは見て取れよう。また、第一〇章は、インド人商人の場合、植民地となった出身地域や滞留先の遠隔地で、帝国的な政治権力が提供する保障と秩序立てに部分的に便乗していたこと、しかし他方、ビジネスの面では、宗主国などに基盤を持つ大規模資本が得意とする大掛かりな事業や商業とは性格の異なるニッチ分野に独自に進出していたことを明らかにしている。このような、いわば下から越境的に積み上げられたインフラや広域秩序は、帝国的なシステムと補完的な関係にあり、グローバル・ガバナンスの重要な一部をなすのである。

最後に、入江昭氏にレヴュー・エッセイを執筆していただいた。ここでは、トランスナショナル（国境横断的）な現象を踏まえて歴史に接近するというグローバル・ヒストリーの視座をベースとして、第一部および第二部で見てきたようなグローバル化の現状と歴史をつなぐテーマを論じる。その上で、グローバル・ガバナンスの今日的意義の特質を、グローバルな市民社会や文化交流の歴史的興隆といった別の角度から見つめ直し、本書を締めくくる。

参考文献

G・J・アイケンベリー(二〇〇一)、「制度、覇権、グローバル・ガヴァナンス」、渡辺・土山編著『グローバル・ガヴァナンス―政府なき秩序の模索』第三章。

グローバル・ガバナンス委員会編、京都フォーラム監訳(一九九五)、『地球リーダーシップ―新しい世界秩序をめざして』日本放送出版協会。

小林誠・遠藤誠治編著(二〇〇〇)、『グローバル・ポリティクス』有信堂高文社。

城山英明(一九九七)、『国際行政の構造』東京大学出版会。

R・O・コヘイン、J・S・ナイ・Jr.(二〇〇四)、「序論―グローバル化の実態」、J・S・ナイ・Jr.、J・D・ドナヒュー編、嶋本恵美訳『グローバル化で世界はどう変わるか―ガバナンスへの挑戦と展望』英治出版、第一章(= Nye, Joseph S. Jr. and Donahue, John D. eds., 2000, *Governance in a Globalizing World*, Brookings Institution Press)。

中井愛子(二〇〇四)、「グローバル・ガバナンスの構想と批判」、内田孟男・川原彰編著『グローバル・ガバナンスの理論と政策』中央大学出版部、第二章。

西谷修他(二〇〇五)、『非対称化する世界―「〈帝国〉」の射程』以文社。

A・ネグリ、M・ハート著、水嶋一憲他訳(二〇〇三)、『帝国―グローバル化の世界秩序とマルチチュードの可能性』以文社(= Hardt, Micheal and Negri, Antonio, 2000, *Empire*, Harvard University Press)。

濱下武志(一九九〇)、『近代中国の国際的契機―朝貢貿易システムと近代アジア』東京大学出版会。

T・フリードマン著、東江一紀・服部清美訳(二〇〇〇)、『レクサスとオリーブの木―グローバリゼーションの正体(上下)』草思社(= Friedman, Thomas L., 1999, *The Lexus and the Olive Tree: Understanding Globalization*, Farrar, Straus and Giroux)。

毛利勝彦(二〇〇二)、『グローバル・ガバナンスの世紀―国際政治経済学からの接近』東信堂。

山口二郎・山崎幹根・遠藤乾編著(二〇〇三)、『グローバル化時代の地方ガバナンス』岩波書店。

山本有造編著(二〇〇三)、『帝国の研究―原理・類型・関係』名古屋大学出版会。

O・R・ヤング(二〇〇一)、「グローバル・ガヴァナンスの理論―レジーム理論的アプローチ」、渡辺・土山前掲書、第一章。

横田洋三(二〇〇六)、「グローバル・ガバナンスと今日の国際社会の課題」、総合研究開発機構(NIRA)他編『グローバル・ガバナンス』日本経済評論社、序章。

渡辺昭夫・土山實男編著(二〇〇一)、『グローバル・ガヴァナンス―政府なき秩序の模索』東京大学出版会。

Barnett, Michael and Duvall, Raymond, eds., 2005, *Power in Global Governance*, Cambridge University Press.

Friedrichs, Jörg, 2005, 'Global Governance as the Hegemonic Project of Transatlantic Civil Society,' in Lederer and Müller, eds. ch. 2.

Lathan, Robert, 1999, 'Politics as a Floating World: Toward a Critique of Global Governance,' in Martin Hewson and Timothy J. Sinclair eds., *Approaches to Global Governance Theory*, State University of New York Press, ch. 2.

Lederer, Markus and Müller, Philipp S., eds., 2005, *Criticizing Global Governance*, Palgrave Macmillan.

Rosenau, James N., 1992, 'Governance, Order, and Change in World Politics, in Rosenau, James N. and Czempiel, Ernst-Otto, eds., *Governance without Government: Order and Change in World Politics*, Cambridge University Press.

Rosenau, James N., 1997, *Along the Domestic-Foreign Frontier: Exploring Governance in a Turbulent World,* Cambridge University Press.

Späth, Konrad, 2005, 'Inside Global Governance: New Borders of a Concept,' in Lederer and Müller, ch. 1.

Väryynen, Raimo, 1999, 'Norms, Compliance, and enforcement in Global Governance,' in idem. ed., *Globalization and Global Governance*, Rowman & Littlefield Publishers, ch. 2.

第Ⅰ部　グローバル・ガバナンスの現状把握

第一章　世界標準の形成

遠藤　乾

1　はじめに――世界標準（グローバル・スタンダード）の時代

世界標準、グローバル化、黒船の再来？

まずは、**図1**を見てほしい。一九九〇年代末に、「世界標準」「国際標準」といったことばが、日本でも急に流通し始めたのがわかる。これは、グローバル化の進展や深化と並行しており、アジア通貨危機と同時期、また「失われた一〇年」といわれた時期と重なっている。その結果、どこか他のところで設定された標準を押し付けられ、まるで黒船が来襲したかのように語られ、グローバル化にどう対抗するかといった言説がはやることになる。

そもそもグローバル化がヒト・モノ・カネ・情報等の越境の高速化・容易化だとすると、日本（人）は、自由貿易の下で生き、世界中の物件や債権を購入し、海外旅行を楽しみながら、グローバル化に大いに参画し、推進してきたアクターでもある。その意味では、黒船イメージははなはだしい誤謬というほかない。けれども、そのような印象にもなんらかの背景があるとすると、この世界標準の興隆は関係があるかもしれない。というのも、それは、市場の世界化に伴い、越境する現象をスムースに運ぼうとするグローバル・ガバナンスの典型例ともいえるのだが、会計基準の設定の例にも見られるように、政策争点分野によっては、世界標準の形成に日本(人)がうまく関与しているとはいえないケースも多々あるからである(この点については後述)。

実は、それぞれの政策争点分野をひとつひとつ検討すると、日本の関与が十分に図られ、場合によっては主導している例も見受けられる。国際海事・海運などの分野においては、日本は英国や北欧諸国と連携し、世界標準化に向けてイニシアティブをとっている。あるいは、一九九〇年代における金融分野での「敗戦」の原因と目されたＢＩＳ規制についても、日本が米国と共同歩調をとり、大陸欧州諸国を巻き込んでいった面もある。したがって、安易な言説の流行と実態との乖離には十分に留意する必要がある。

世界標準のインパクト

しかしながら、このようにいうことは、世界的な標準や規制について無関心でいてよいということを意味しない。というのも、標準化やそれに基づく規制はとてつもないインパクトを持ちうるからである。一九九九年のＯＥＣＤ報告書(OECD 1999, p. 4)によれば、世界貿易の八割までもが、いい換えると

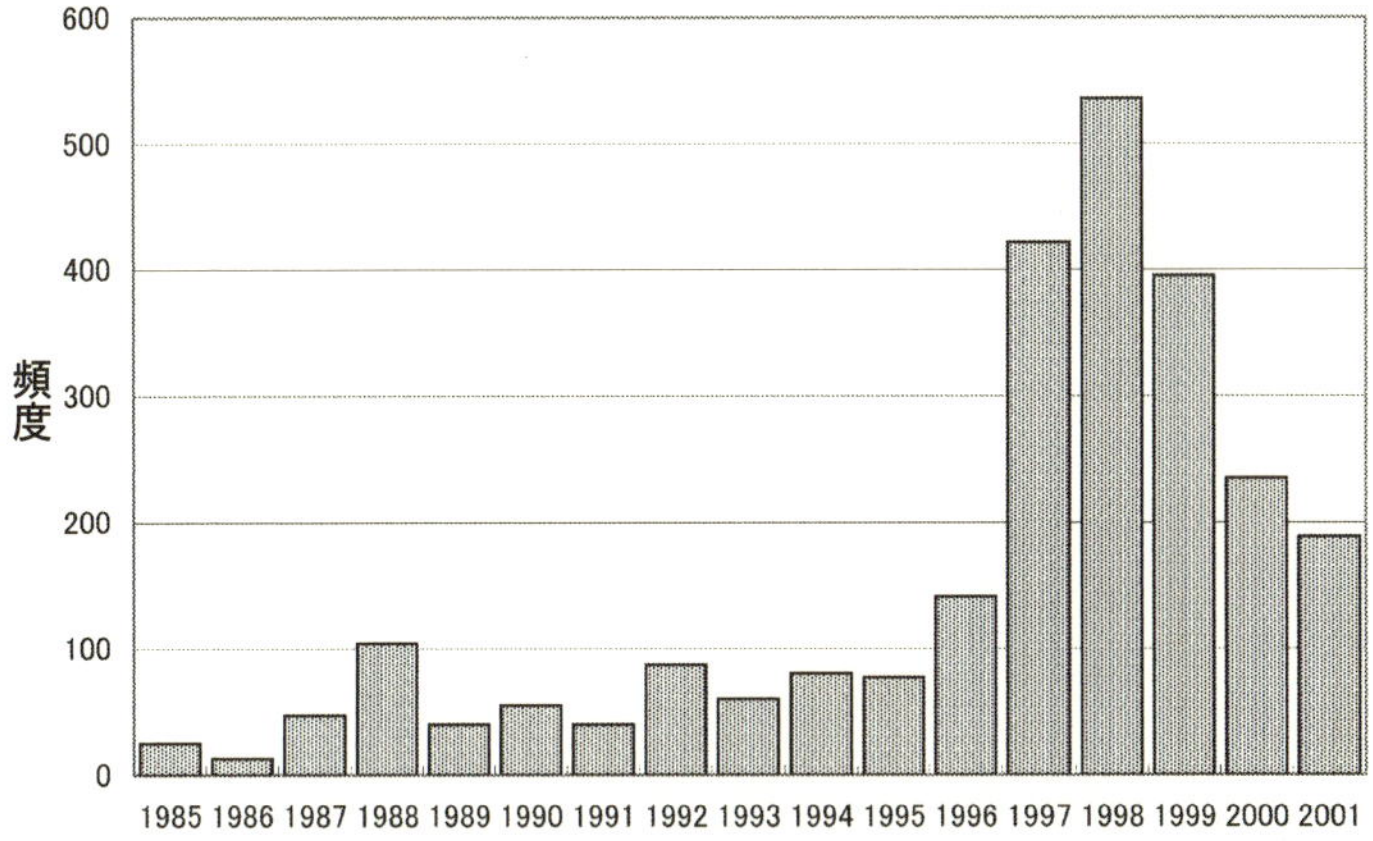

図1　主要4紙（朝日・読売・毎日・日経）における「国際標準（基準）」ないし「世界標準（基準）」の使用頻度、1985-2001年

出典：日本大学人口研究所の集計による

年四兆ドルほど（一ドル一二〇円とすると、五〇〇兆円近く）が、標準や関連する規制の影響を受けている。

当然である。標準は、経済はもちろん、非常に広範な人間の活動に関わるからである。その射程は、伝統的には、度量（たとえばメートル法）、時間（グリニッジ「標準」時）のような基礎単位から、流通する貨幣や目に見える製品の規格（例としてねじの大きさ・強度）にまたがっていた（Spruyt 2001 ; cf. Quester 1997）。現代においては、それは具体的な基準設定や規制にも深く関わり、たとえば、インターネットの通信プロトコール、大量破壊兵器へ転用可能な部品のリスト、遺伝子組換え作物の規制コードに至るまで、たいへんに多様な形をとる。これに加えて、条約などに基づいて一定の規範力を持った人権や法体系などを含めると、標準とはおよそあらゆるものを包み込むといえよう。

ヒト・モノ・カネ・情報などが容易に高速で越境

するにつれ、標準もまたグローバル化する圧力にさらされる。国や地域ごとに基礎単位や規制のあり方が異なっていたら不便だからである。ある物質の定義や商品の品質について共通了解がなければ貿易に支障をきたす。金融・株式市場が一定の基準を満たした形で整備されていなければ、海外投資はしにくくなるに違いない。同様に、ファックスや電子メールの送受信は電気製品や通信システムの標準化を、出張や旅行によるスムースな人の往来はパスポートやヴィザの形式の相互承認を前提としている。いい換えれば、グローバル化は、並行して標準形成などの制度化を伴う必要があるのだ。

ただしその形成過程は、なんら一方向的でも自動的なものでもない。世界標準が形成されるのは、グローバル化の圧力を背景に、主要アクターの利害が収斂した場合である。この形成過程には、帝国・大国、国際機関、民間団体、企業、専門家など多種多様のアクターが関与し、越境する現象のマネジメント（グローバル・ガバナンス）の典型事例をなす。

そこで第一章では、導入もかねて世界標準の形成を取り上げ、具体的な事例からグローバル・ガバナンスのイメージを膨らませてみよう。とりわけ、世界標準とは何か、それは誰がどのように標準を形成するのか、国際会計基準を例にとりながら考えてみたい。と同時に、この領域を見ていくと、本当に存在するグローバル化（Really Existing Globalization）を垣間見ることができるだろうし、日本のとるべき指針についても検討することになる。

2　標準とは何か——語義と類型

標準の語義

さて「標準（Standard）」「標準化（Standardization）」とは何だろう。もともとStandardとは、古代フランス語のestandardを語源としており、軍勢を集める場所やそのための目印を指した。そこからはっきりと見える目標、転じて判断のもととなるような規則や基本を意味するようになった。なお、フランス語で「標準（化）」という場合、Norm/Normalisationのほうが一般的である。これは、もとは大工が使う曲尺を語源としている（奈良二〇〇四、二〇－二一頁）。

現代における国際標準化機構（ＩＳＯ）や国際電子標準会議（ＩＥＣ）の一般的な定義に従えば、標準とは、「合意により、認知された団体が是認した文書。それは、共通に繰り返し使われるよう、活動やその帰結に対しルールやガイドライン、あるいは性格付けを提供するものであり、ある一定の文脈における最適な秩序を達成することを目的とする」（ISO/IEC 2004, Section 3.1）。

ここにはいくつかの要素があるが、認知、共通性、反復性といった特徴が見出せる。そして標準は、「最適な秩序」に向かって、実際に意味のある形でルール化し遵守されるべきもので、多くの場合「規制」とセットで登場する。国際標準や世界標準ということばは、これらの特色を持つ標準が、国境を越えて形成・適用され、影響を持つ現象をいい当てるものである。

表１　標準化ガバナンスの場と規制の例示

場・主体／レベル	民間セクター		公的セクター
	市場	団体	政府・公的機関
世界レベル	グローバル市場 ↑	国際標準化機構（ISO）、国際電気標準会議（IEC）、国際会計基準審議会（IASB）	世界貿易機構（WTO）、世界保健機構（WHO）、国際原子力機関（IAEA）
地域レベル		欧州標準化委員会（CEN）、太平洋地域標準会議（PASC）	EU（委員会）
国家レベル	↓	米国機会学会（ASME）、日本工業標準調査会（の JIS 規格）	政府、例えば経済産業省（基準認証ユニット）
地方レベル	ローカル市場	米国の州レベルにおける建設業界団体（の自主規制コード）	米国カリフォルニア州（例：自動車排ガス規制）

三つの標準化

このＩＳＯ／ＩＥＣの定義は、いわゆるデジュール・スタンダードと呼ばれるものである。つまりそれは、文書化され規範性を帯びた標準であり、市場において競争に勝利し事実上標準となったデファクト・スタンダードと区別される。たとえば、後に取り上げる国際会計基準は前者の例であり、マイクロソフトのウィンドウズなどは後者の典型例である。

この区別をより洗練されたものにしたのが、W・マットリ（Mattli 2003 & 2006）である。彼は、標準化のモデルを以下の三つに分別した。

① 市場による標準化
② 民間標準ガバナンス
③ 公的標準ガバナンス

①は、デファクト・スタンダードと置き換えてよかろう。②は、業界団体や民間機関・ネットワークが形成し適用する標準を指す。前記のＩＳＯやＩＥＣ

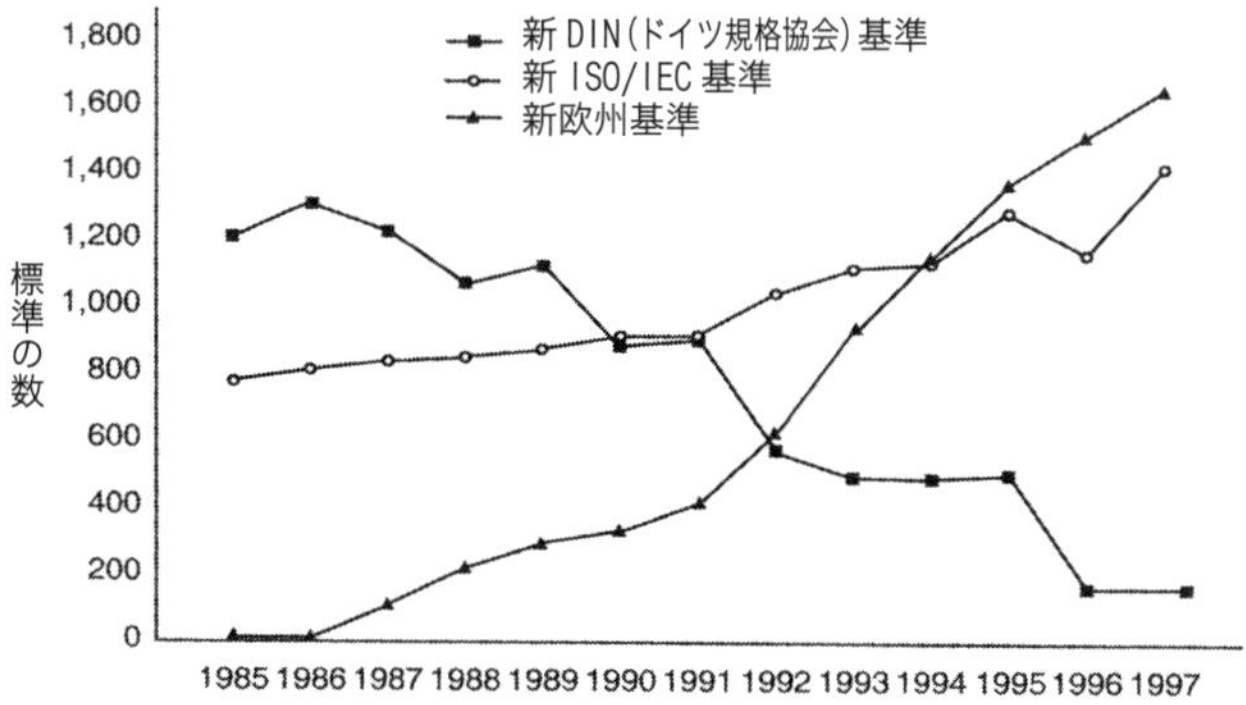

図２　近年における世界標準・欧州標準・ドイツ国家標準の推移

出典：Mattli 2003, p. 200

も、後に取り上げる国際会計基準審議会（ＩＡＳＢ）もこの手の団体やネットワークである。これらは、多くの場合、民間のものであっても「公的」な標準設定機能を果たしており、「私的」なものとはいい難い。たとえば、ＩＳＯは、一八六の技術委員会、五七六の小委員会、二〇五七の作業部会を抱え、年三～一〇万人の専門家が参加して、二〇〇一年末の数字だと、一万三五〇〇の標準を生み出している。四八〇〇の標準を形成しているＩＥＣとあわせて、国際標準の八五パーセントを占めるという見積もりもある (Mattli 2003, pp. 215–216)。

他方、③は、国連、ＯＥＣＤ、ＷＴＯあるいはＥＵや各国政府などの公的機構が推進する標準化である。②の民間・業界団体による自主規制を重んじる米国でさえも、全一〇万三五〇〇標準のうち、約半数の五万二五〇〇は政府によるもので、なかでも三万八〇〇〇を生み出している国防総省（ペンタゴン）が最大の標準設定機関となっている (Mattli 2003, p. 209)。国際次元では、一九九五年に設立されたＷＴＯが、その前年ＧＡＴＴウルグアイラウンドで締結されたＴＢＴ協定（貿易の技術的障害に関する協定）を全加盟国に適用している。これは「加盟国は、技術的な規制を必要とする場合において、関連する国際標準が存在するとき、またはその完成が目前であるときは、当該国際標準またはその関連部分を技術的規制の基礎として用いる」（同協定二条四項）と定め、国際標準の使用を義務づけた。そうしないときには説明を求められ、その説明が不当とみなされた暁には、国家単位の標準は貿易障壁と同一視されるのである。また、欧州においては、一九八〇年代半ば以降、域内市場の完成と軌を一にして、ＥＣ・ＥＵが規制主体として興隆し、欧州基準の適用が飛躍的に進んだ。こうして世界・地域の次元であれ、国家の次元であれ、公的機関の持つ標準形成機能が見て取れる。

ちなみに、**表1**は、①から③までの区別を、グローバルからローカルまでの次元と掛け合わせ、標準化の場（アリーナ）や規制を例示したもので、**図2**は近年における世界・欧州標準の興隆を指し示したものである。

世界標準設定のガバナンス

マットリの議論で興味深いのは、最現代における標準化の特色として、標準がグローバル化するだけでなく、②の民間団体によるガバナンスが急増し、制度的な背景が整えば②③をあわせた官民共同ガバナンスを志向することを明らかにした点である（Mattli 2003 & 2006）。この背景は以下である。

①は、企業間の競争を通じ、市場のニーズにあわせて迅速に標準形成できる利点がある一方、終わり

なき標準化競争をもたらし、研究開発などに莫大な費用がかかることから、企業にとってリスクが大きい。そのほかにも、完全な情報に欠ける市場では最適以下の技術が支持されたり、標準化競争にかかる巨大な費用ゆえに逆にカルテル行為に走ったり、あるいは消費者・環境団体といった社会的アクターの利益が反映されにくいという問題も存在する。

対照的に、③の政府や国際機関によるデジューレ・スタンダードは、他に比べ相対的に公平性・開放性・正統性を備えており、産業主導の標準化を安全や環境などの視点から規制しうる利点を持つが、他方で市場のスピードについていけない。技術革新のサイクルが加速した現代において、これは大きな欠点となる。その点、②の民間団体・ネットワークは、当該分野の専門知識に明るく、民間主体であることから①の機動性やスピードをある程度生かすことができる。また、一企業でなく団体やネットワークを通すことで、一定の中立性と賛同者が調達でき、相対的に費用をかけずに市場シェアを確保しやすい。いきおい、このルートで標準化されることとなる。特に、標準化過程への政府介入に否定的な米国において、この傾向は強い。

けれども、この②においても、標準の権威付けは弱含みである。また、実施に費用のかかる標準（たとえば安全基準）については、その遵守や違反を監督する必要がある。さらに、業界団体が自己利益で競争をゆがめる可能性も残されており、最後に、消費者や環境の視点をどう代表するかという問題も残る。こうした問題においては、官による公的機能に一定の優位性がある。それはとりわけ公平性・開放性・正統性などを確保するのに比較的適している。官民共同ガバナンスは、その官の利点を生かしつつ、民のスピードや専門知識を活用する上で有用となりうるのだ。これは典型的には、国境横断的な民間団体などが設定した標準に対し、政府や国際組織などの公的機関が、支持を与え逸脱や違反に目を光らせることでその実効性を高め、はたまた社会的なアクター（消費者・環境団体など）の視点を包摂することで正統性を増強することになる。

標準の強度

こうして、標準化は、ローカルからグローバルまで多次元にまたがり、市場、民間団体、公的機関などの多様な主体や場（フォーラム）において設定される。

加えて、標準は一定の強度でなされるとは限らない。それは遵守しない際に罰則が用意されている強制性の高いものから、留意事項のように希薄に存在するものまで、さまざまである。命や財産に関わる最も強いコードは刑法であろう。これは罪や罰に関する基準の束であり、基本的にナショナルに設定され、国家権力により実効性が確保されている。そこまで強力なものでなくとも、生命倫理、労働基準、水質管理、知的財産権など、あらゆる分野で多くの標準・規制がいずれかの次元で整備されている。他方、強制力の要素が極端に希薄な標準設定も存在する。たとえば、ＥＵの社会政策における貧困指標は、各国でモニターすべきデータの一覧を共通（標準）化し、お互いの状況のレヴューを可能にすることで止めている（このような方式は、ＯＭＣ＝開放的協調と呼ばれる）。

3　標準化の権力

誰がどう標準化するのか

とすると、標準(化)という現象は、誰がどのように標準設定するのかという問いを含んだものに違いない。いい換えれば、標準化は、経済的ないしは機能的な必要性を背景としつつ、その必要性を誰が、どの場で、いかなる価値に訴え、どこまで推進すべきかという問題性を孕み、協力や対立が生成する争点領域でもある。

標準化の権力について付言するのは、この文脈においてである。標準設定をするのかしないのか。するのならば、その主体は誰か。どの場を使うか。いかなる判断・価値基準(フレーム)に照らして標準化するのか。あるいは、どれほど強制的なものにするのか。これらはすべて、経済や社会に大きな影響をもたらす分、争いの対象となり得、その決定へのアクセスは権力そのものなのである。

世界標準も同様である。グローバル化と並行して、標準も越境して形成・適用される傾向にあるのはたしかだろう。しかし、この上向きのプロセスも、なんら自動的なものではない。グローバルな場で標準設定を試みる主体(企業や国家など)がおり、それにより利益を得る集団と逆に不利益を被る集団が出てこよう。これらの集団の力関係、市場の大きさやシェア、規範・理念的魅力などが、経済合理的な必要性とともに、グローバルな場における標準の形成に影響を及ぼすのである。

帝国・大国の力

力のある帝国・大国、国際機関、民間団体、あるいは圧倒的シェアを誇る企業などの主体は、自らの利益や理念に合致するとき、合致するようなやり方で世界標準化を推し進めるだろう。逆に合致しない際には、それを放棄し、違う道を探るのである。世界標準が形成されるのは、力のある主体が協力してそれを推進するときである。

なかでも重要なのが、欧米の政府の動向である。米国は、軍事力や経済力のようなハードパワーはもちろん、英語というリンガフランカや高等教育機関などのソフトパワーにおいても秀でており、いうまでもなく世界標準設定の一大主体である。他方欧州は、ＥＵの枠を通じて、標準や規制の分野で影響力を高めている（そのＥＵを「規制帝国」として位置付けたものとして、鈴木二〇〇六を参照）。二〇〇三年段階で、この二つの経済体は、それぞれＧＤＰで年一〇兆ドルを超え、三位の日本の倍以上のサイズをなす。二つあわせると、世界生産量や貿易量の約四〇パーセント、欧米に向かう直接投資は世界の五九パーセント、欧米から出ていく直接投資は七八パーセントに上り、企業買収や合併では世界の八八パーセントを占める（Drezner 2007, p. 36）。

これらの主体が協調するとき、世界標準の設定は大きく前進する。逆に対立すれば、標準の世界化をブロックするか、二つの越境的標準が対峙するような状況に陥る。後に取り上げる会計基準の世界化においては、欧米の協調が決定的だった。逆に、この章では取り上げないが、遺伝子組換え作物については、双方の理念は真っ向から対立し、それを許容する米国と禁止する欧州とで相反する標準が並存している。

民間セクターの力

もちろん、力は国家や政府にだけあるのではない。私的団体や企業・業界団体は標準設定の際に影響力を及ぼし、この分野に独自のダイナミズムを与えている。以下の会計基準の例でも、あるいは自動車関連の環境規制においても（城山二〇〇五）、これらの民間セクターの力は無視できないものとして立ち現れる。

その影響力行使は、政府と協調し、官民共同のガバナンスを立ち上げる際に見られることもあれば、他方、公的セクターと対立し、そのイニシアティブを葬り去るときにも観察できよう。そして、この協調と対立のあいだにも、私的セクターが公的セクターに対し黙認したり、バイパスしたり、あるいはお墨付きを求めたり、とさまざまな関係を形成する可能性があり、そのあり方は多くの場合標準形成の過程に影響を及ぼす。したがって、官民双方の利害と行動に留意する必要があるのである。

「フォーラム・ショッピング」と制度化

こうして標準化の場や度合いに大きな影響を及ぼす主体は、世界標準化がなされる場や次元が自己利益に合致するかどうか吟味することとなる。合致すればその場・次元を選び、そうでなければその選択に反対したり、二国間交渉に切り替えたり、あるいはまた別の場を設定したり、といった行動に出る。

これを標準化の「フォーラム・ショッピング」と呼ぶ（Braithwaite and Drahos 2000, ch. 24; Drezner 2007, ch. 3）。また、これらの力のある主体は、標準化の様式をも選ぼうとするだろう。市場にゆだねるのか、民間団体に任せるのか、国際機構で直接標準化するのか。はたまたいかなる強度による標準や規制を設定するのか。力のある主体によるこの手の選択も、標準形成の一部なのである。後述する会計基準のグローバル化においては、欧米が、一定の官民の共同フォーラムを場として活用することで歩調をあわせたことが重要であった。（逆の例は第三章で触れる。EUは国際刑事裁判所という場を中心とした刑事裁判のグローバル化に積極的であるが、米国ブッシュ政権は、自国を拘束する国際刑事裁判所を嫌い、地域に特化したアドホックな国際裁判所や当事国の国内法廷を若干国際化した混合裁判所を好むので、場・次元・様式の選好に相違が生じた）。

最後に、それでは欧米だけですべてが決められるかというと、そうではない。別の大国や地域連合が対抗する可能性はある。たとえば中国は、ますます大きくなる自国市場をバックに、国家標準の大切さに気づき始めている（坂村二〇〇五、六頁）。また、電子タグの標準化の例をとれば、標準設定に欧米主導の世界的民間ネットワーク（EPCグローバル）が影響力を持っているが、他方でそれを製品として生産する拠点が東アジアであることから、東アジアにおける生産者連合の形成を通じて、軍や小売業という消費者をバックにした欧米一辺倒の標準化に一石を投じようとする動きもある。さらに、制度化が進んだ国際機構を通じて、米国やEUの独走を制限する可能性もある。例として挙げられるのは、公衆衛生と知的財産権のあいだの関係であろう。ブラジルなどの非先進国やNGOは、HIV／AIDSの治療のため、知的財産権の保護よりも廉価な治療薬の配布を優先できるよう、WTOの設立規約に公衆衛生の観点を滑り込ませるのに寄与した。欧米の政府や製薬企業による反転攻勢は始まっているが、一定の制約として持続しているのはたしかである（この点については、本書第四章も参照。cf. Drezner 2007, ch. 7）。

4　どのように標準化するのか——国際会計基準の事例

ここで、グローバル・ガバナンスの具体例として、会計分野における世界標準の設定の過程を検討してみたい。そこでは、実際に進行するグローバル化を背景に、欧米主導の下、複数のフォーラムから、官民共同ガバナンスが形成される様《さま》が見て取れよう。

会計基準をめぐる複数のフォーラム

まず、会計基準の設定をめぐっては、実にさまざまなフォーラムがせめぎあってきた。意外に思う向きもあろうが、国連はそのひとつであった。一九七〇年代半ばに専門家を集め財務報告の調整を図って以来、国連はこの領域での権能を諦めたことはない。同様に、ＯＥＣＤも、七〇年代以降多国籍企業への規制ガイドラインを検討し始め、八六年からは『会計基準調和化シリーズ』を公刊している。さらに、ＥＥＣ・ＥＣ（ＥＵの前身）は、六〇年代初頭にはすでに会計分野の調和化の試みを始めており、七八年の第四次指令、八三年の第七次指令をもって一定の財務報告義務を課すに至った。

最後に、これらの公的機関と異なる民間団体として、国際会計基準委員会（ＩＡＳＣ）が一九七三年に発足していた。これは、英米加の会計士グループを母体に、九カ国(米英加豪蘭独仏日墨)における一六の会計士団体が設立したもので、会計基準や財務報告の調和化を図ろうとするものであった。このIASCは、国際会計基準(IAS)を翌年から策定し始め、徐々にメンバーシップやプレゼンスを拡張し、専門知識を蓄積していった。しかしながら他方で、IASの策定には加盟メンバーの四分の三の賛成が必要で、一つの策定につき平均二年かかるにもかかわらず、それは強制力に欠け、多くの例外や逸脱を認めていた(Mattli 2006)。

こうした状況を大きく変えたのは、二つの要因である。グローバル化、およびそれを背景とした米国やEUの動向である。

越境する資金調達と国際会計基準の必要性

グローバル化の進展はさまざまな形をとるが、ひとつには、越境して他国で上場したり、海外で資金を調達する企業の増加に現れた。ニューヨーク証券取引所の例をとると、上場した非米国企業の比率は、一九九四年の八・五パーセントから二〇〇三年の一七パーセントへと倍増している。また、投資家の資金は、それがどの国のものであれ、秀でた業績と資産を持ち、発展可能性に満ちた投資先に向かうようになった。周知のように、一九七〇年代初頭の世界の為替取引は、一日約一八〇億ドル程度であったが、一九九八年には一・五兆ドルと飛躍的に増加した。その約八五パーセントが短期の資本移動であり、投機色の濃い取引であったとしても、海外への投資が容易になったことは覆い隠すべくもない。

こうしたグローバル化は、機能的に、会計・財務報告の標準化を求めるだろう。というのも、比較可能で信頼に足る財務報告は、取引所から見ると上場に値する企業かどうかの判断に不可欠であるし、投資家から見れば投資リスクの減少を意味するからである。

実際、一九九七年のアジア通貨危機は、そうしたリスクを改めて思い知らせた。日本企業の会計財務報告に、国際標準と異なる旨の「レジェンド（警句）」が付いたのはこの後のことである。なお翌年には通貨危機はロシアなどにも飛び火し、そのあおりで破綻したＬＴＣＭ（ロングターム・キャピタル・マネジメント）は、あやうくシステミックな危機を誘発するところであった。その後、不正な会計操作が明るみに出たことで、二〇〇一年にエンロン、〇三年にワールドコムといった巨大企業の倒産が相次いだ。これらは、会計・財務報告の質と標準化の問題を再提起したのである。

ただし、グローバル化によるこうした機能的必要性や出来事は自動的に国際会計基準の統一や収斂をもたらしたわけではない。鍵は、主要アクターの動向にあった。

「ＩＡＳＢ＝ＩＯＳＣＯ体制」の成立

まず重要なのは、米国が主導する形で、証券監督者国際機構（ＩＯＳＣＯ）が一九八六年に設立され、ＩＡＳＣによるＩＡＳ（国際会計基準）を徐々に支持するようになったことであろう。ＩＯＳＣＯは、もともと米国証券取引委員会（ＳＥＣ）の後押しで設立された米州証券監督協議会を母体とし、そこに英仏などが合流することがきっかけとなって発足した。これは、現在では、世界一〇九の国・地域の証券監督当局（ＳＥＣや金融庁など）や証券取引所等から構成され、世界の金融証券市場の九割を規制する国際機関である。このＩＯＳＣＯは、八八年にＩＡＳの改善支援を開始、九三年よりＩＡＳのコアスタンダード作成を促し、ＩＡＳＣがそれを九九年に完成させ、それを二〇〇〇年にＩＯＳＣＯが正式承認するという経緯をたどった。つまり、元来会計士集団であったＩＡＳＣを、事実上のＩＯＳＣＯの会計基準設定部門として作動させようとしたといえよう。ＩＯＳＣＯのお墨付きをもらったＩＡＳは、会計分野における世界基準としての地位を確立した。

次に、ＩＡＳＣは改組され、国境横断的な民間規制主体である国際会計基準審議会（ＩＡＳＢ）が二〇〇一年にできた。ＩＯＳＣＯはここでも改組を後押ししている。このＩＡＳＢは、ＩＡＳＣが会計基準の「調和化」を目指したのに対して、「単一の国際的会計基準を策定する」と明言し、新たに設定する新会計基準（ＩＦＲＳ）を通じて、基準のさらなる収斂を図ろうとする団体である。と同時に、これは、組織と理念の両面で米英（ないしアングロサクソン）主導が明らかな組織といえよう。組織的にいうと、ＩＡＳＢの理事は非常勤二名を入れて一四名であるが、そのうち一〇名が米英加豪南アといった、いわゆるアングロサクソン諸国出身である（ちなみに、ＩＦＲＳ策定には一四票中八票が必要）。また、大陸欧州諸国（および日本）における会計ガバナンスが、税制と密接に関わり、法律色の濃い、したがって国家主導でなされる傾向があるのに対して、米英では、証券投資と関わり、民間主導でなされがちである。米英ではそうした傾向を反映し、会計基準の設定は民間でなされるが、ＩＡＳＢはその民間主導を貫いている（そもそも、ＩＡＳＢは、米国の民間会計基準設定機関ＦＡＳＢをモデルとしている）。さらに理念的にも、

表2　国際会計基準の形成（略年表）

1973年	IASC（ISABの前身）設立（IAS国際会計基準の設定へ）
1994年	ダイムラー・ベンツが93年12月期決算を米国基準で発表（前年秋にNY市場に独企業として初めて上場）
1998年12月	IASコアスタンダード完成
1999年	3月期以降、日本の会計基準にレジェンド（警句）付される
2000年5月	IOSCOがIASへの支持を表明
2001年	IASB活動開始（新国際会計基準IFRSsの設定へ）
2001年7月	日本、財務会計基準機構設立
2001年8月	日本、企業会計基準委員会（ASBJ）設置
2001年12月	米エンロン社破綻
2002年7月	米ワールドコム社破綻
2002年8月	アーサー・アンダーセン会計事務所、事実上廃業
2002年9月	IASBとFASBとのあいだにノーフォーク合意
2005年1月	EUが域内上場企業へのIFRSsの強制適用を開始

ＩＡＳＢは投資者にとって重要な資産・負債の変動に重きを置きがちであり、したがって原価会計でなく時価会計に傾くのだが、これも現代米国の流儀を踏襲している（村井二〇〇三、三五頁以下）。

こうしてＩＡＳＢはＩＯＳＣＯの長年にわたる支援とともに登場し、その戦略的互恵関係は明らかなことから、ここに「ＩＡＳＢ＝ＩＯＳＣＯ体制」（小栗二〇〇三、一四頁）が成立したと見ることができる。それが意味するのは、先に述べた国連、ＯＥＣＤ、ＥＵといった他のフォーラムはバイパスされ、ＩＡＳＢという民間主体の国境横断的組織が国際会計基準の策定に最も影響力を持つことになったことである。と同時に、ＩＯＳＣＯが各国の証券取引規制当局を中心としていることから、この体制は、官民共同ガバナンスを志向しているといえよう。

EU発の会計基準ビッグバン

しかしながら話はここで終わらない。域内の会計基準の相違に経済統合への障壁を見出していたEU委員会が、二〇〇〇年六月に、国際会計基準であるIAS／IFRSの域内企業への強制適用を正式提案し、〇二年七月の規則採択を経て、〇五年一月から実施し始めたからである。これにより、EU域内で上場するすべての企業が、IAS／IFRSに従った財務報告を公表する義務を負っている。これは、公的機関であるEUが、民間団体IASBの基準設定を採用・監督するという意味で、再び官民共同ガバナンスの一形態と考えられる。

国籍にかかわらず適用されるこの決定の影響は甚大であった。上場企業七〇〇〇社はもちろん、子会社など含めると、影響を受ける会社の数は一〇万社にのぼった。ちなみに二〇〇五年以前に、IFRSを採用していた企業は二七五社に過ぎなかった（橋本尚二〇〇七、一〇九頁）。

日本企業のなかには、これを契機に欧州での上場を取りやめるものも出てきた。しかしながら、それでこの国際会計基準の影響から逃れられるわけではない。というのも、EUの動きをにらみながら、米国は戦略を練り直し、米欧協調の道を志向することで、さらにIFRSのグローバルな適用が加速しているからである。

二〇〇二年九月、ISABとFASBは、後者の本拠地である米国コネティカット州ノーフォークにて、米国基準と世界基準とのあいだの収斂に向けて原則合意した（いわゆるノーフォーク合意）（山田二〇〇三）。この後、すでに存在していた公式・非公式の協議は深化し、現在では、ISABとFAS

Bとのあいだで、基準の収斂に向け、概念フレームワークをすりあわせる共同プロジェクトが進行中である（小堀二〇〇七）。

他方、EUは、二〇〇三－〇四年に二つの指令（「目論見書指令」「透明性指令」）を出した。それにより、IFRSの採用国とそれ以外とを分け、自国の会計基準を保持する国（たとえば日米加）に対しては、投資者保護の観点から「同等性評価」を課す方針を打ち出した。二〇〇七年以降、IFRSと同等の会計基準を満たしている第三国企業のみがEU域内でビジネスに携われることになったのである。「規制帝国」といわれる所以である。その後、域外第三国との摩擦を避け、またEU域内におけるIFRS解釈・運用を見定める必要から、期限は二〇〇九年に先送りされたが、収斂への動きは止まっていない（黒澤二〇〇六）。

こうした動きを受け、二〇〇七年八月、日本の会計基準設定機関である企業会計基準委員会（ASB）とIASBは、二〇一一年六月末までにIFRSと日本の会計基準とのあいだの相違をなくすという原則合意に達した（東京合意）。

5　おわりに――標準化の現在と過去

この国際会計基準の事例からは、現在、本当に存在しているグローバル化（Really Existing Globalisation）の過程が見て取れよう。そうした動きに対して、日本も無策なわけでは決してなかった。早くから動向

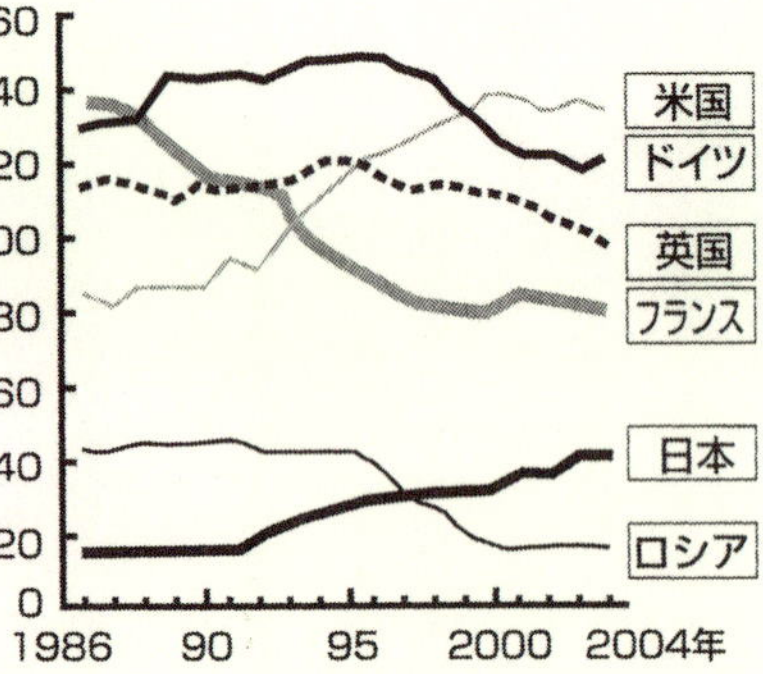

図2　ＩＳＯの幹事国回数の推移

出典：読売新聞 2005 年 7 月 16 日、坂村 2005、102 頁より

をウォッチし、ＩＡＳＢ設立にあわせて、二〇〇一年夏に財務会計基準機構（ＦＡＳＦ）とおよびその標準設定部門であるＡＳＢを正式に発足させ、内的な体制を整えるとともに、ＩＡＳＢ本体には山田辰巳（中央青山監査法人代表社員）を理事として送った。その後、ＩＡＳＢやＦＡＳＢとの定期協議を通じて、基準設定の哲学から詳細までインプットも怠っていない。にもかかわらず、この一〇数年の国際会計基準の設定過程を振り返ると、土俵は端から他の主体によって設定され、再設定され、そのたびに日本はついていくのに精一杯だったという感がぬぐえない。

別の分野に目をやってみても、世界標準の設定に日本がうまく関与できた例はそう多くはない。有名なＭＰＥＧ（Moving Picture Experts Group）テクノロジーは、日本が誇る動画像圧縮等の重要な技術だが、それが公的基準になったのは、東京大学で学位をとった（したがって日本に理解のある）イタリア人技術者が、（ＩＴＵ／ＩＥＣにおける）画像圧縮技術関連グループの議長だったことに多くを依っている。トロンで有名な坂村健のいうように、世界標準の設定に必要なのは、「アイデアとビジョンを持ち、説得力のある主張ができ、議論に強くプレゼンテーションがうまく、しかもそれを英語でできる人間」なのだが、そういう人材が圧倒的に不足している（坂村二〇〇五、七八－七九頁）。

技術や製品（システム）の分野における世界標準に影響力のあるＩＳＯを見てみると、日本は、二二七ある技術委員会（ＴＣ）のうち、一一においてしか幹事国や議長国をとっていない。ＩＥＣでは、一一〇中一六という数字である（坂村、八八頁）。先述のような、標準化に必要とされる人間像に鑑みると、影響力はおそらく数字以下となろう。

企業の標準化対策の人材は限られており、官庁においても同様である。それとなく人材養成について聞いてみると、設定された標準にあわせたほうが楽であり、日本企業はむしろそちらのほうが得意だ、といった答えが返ってくる。それでうまくいっていたこともあろう。しかし、今後も同じかどうかは相当怪しい。製品開発のサイクルはますます短くなるなかで、製品化のスピードは企業の命運を握っているかもしれない（標準化に力を入れているある企業の担当者は、適切にも、標準化にかける手間隙を「時間を買う」ためだと評した）。また、会計基準のように、すべての基盤となるような道具立てを握られたときには、小さな企業努力の積み重ねが吹き飛ぶことにもなりかねない。

グローバル化がキャンセルできず、そのガバナンスのあり方として世界標準化が進行するのならば、その過程に食い込める人材を養成することが枢要であろう。その際留意すべきは、世界標準の最前線にいるのが企業や官庁の担当者であり、彼らは具体的な政策争点や業界ごとに仕切られたなかで活動しているということである。伝統的な外交とは別に拡がるこのような広大なフロンティアで一定の影響力を発揮するのには、それぞれの分野で実務に通じた国際的な人材が必要とされるのである。

他方、本書の第Ⅱ部との関係で、国際ないし世界標準化を歴史的なパースペクティブのなかに位置付けてみると、また別の議論を立てることができるだろう。というのも、金本位制であれ、国際標準時の設定であれ、あるいは国際河川や鉄道の規制であれ、相互依存のなかの標準化というテーマは古くから存在し、それはグローバルな標準化の動きに対してなされた他の時代や地域の異なる対応を指し示してくれるからである（城山 一九九九）。

たとえば第六－七章で扱う歴史的経験は、当時の普遍帝国たる英国を中心とした金本位制、すなわち当時の世界標準に対して優等生たる日本が政府主導でそれにあわせていく一方、中国のように二〇世紀半ばまで民間主導で銀本位制を保ち続けていた事例を明らかにしている。あるいは、第九章が示しているのは、政府により策定された標準に比較的無関係に活動する華僑ネットワークであり、また第一〇章が明らかにしたのは、帝国が提供するインフラ（標準を含む）を部分的に利用して生きる印僑（インド商人）の例であった。こうした事例は、現代の一見欧米主導に映るグローバル・ガバナンスや標準化との関わりが多様でありうることをリアルに示すだろう。先に述べた人材の育成は、それぞれの分野や業界における最先端の専門知識とともに、こうしたマクロな歴史的経験にも裏付けられたものでなければならない。

参考文献

磯山友幸（二〇〇二）、『国際会計基準戦争』日経ＢＰ社。

小栗崇資（二〇〇三）、「国際会計基準とグローバル会計規制」、小栗崇資ほか編『国際会計基準を考える』大月書店、第二章。

黒澤利武（二〇〇六）、「国際的なコンバージェンスの中で」『ＪＩＣＰＡジャーナル』六一五号、四八—五三頁。

『国際問題』（二〇〇〇）、「世界標準と産業界の現実」特集、四八二号。

小堀一英（二〇〇七）、「企業会計基準委員会（ＡＳＢＪ）と米国財務会計基準審議会（ＦＡＳＢ）による第２回協議の概要」『会計・監査ジャーナル』六一八号、五九—六三頁。

坂村健（二〇〇五）、『グローバルスタンダードと国家戦略』ＮＴＴ出版。

城山英明（一九九九）、「ヨーロッパにおける国際行政の形成」小川有美編著『ＥＵ諸国』自由国民社、第二章。

城山英明（二〇〇五）、「環境規制の国際的調和化とその限界—日米欧における自動車関連環境規制の調和化とアジアにおける含意」、寺尾忠能・大塚健司編著『アジアにおける環境政策と社会変動—産業化・民主化・グローバル化』アジア経済研究所、第九章。

鈴木一人（二〇〇六）、「『規制帝国』としてのＥＵ—ポスト国民帝国時代の帝国」、山下範久編『帝国論』講談社、四三—七八頁。

奈良好啓（二〇〇四）、『国際標準化入門』日本規格協会。

橋本毅彦（二〇〇二）、『標準の哲学—スタンダード・テクノロジーの三〇〇年』講談社。

橋本尚（二〇〇七）、『二〇〇九年　国際会計基準の衝撃』日本経済新聞出版社。

平松一夫・徳賀芳弘編著（二〇〇五）、『会計基準の国際的統一—国際会計基準への各国の対応』中央経済社。

村井秀樹（二〇〇三）、「国際会計基準と概念フレームワーク」、小栗崇資ほか編、前掲書、第二章。

山田辰巳（二〇〇三）、「ＩＡＳＢとＦＡＳＢのノーフォーク合意について」『企業会計』五五巻二号。

渡部福太郎・中北徹編（二〇〇二）、『世界標準の形成と戦略—デジューレ・スタンダードの分析』日本国際問題研究所。

Braithwaite, John and Drahos, Peter, 2000, *Global Business Regulation*, Cambridge University Press.

Drezner, Daniel W., 2007, *All Politics Is Global: Explaining International Regulatory Regimes*, Princeton University Press.

ISO/IEC, 2004, *ISO/IEC Directives*, Part 2: Rules for the structure and drafting of International Standards, 5th edn.

Mattli, Walter, 2003, 'Public and Private Governance in Setting International Standards,' in Kahler, Miles and Lake, David A., eds., *Governance in a Global Economy: Political authority in transition*, Princeton University Press, pp. 199–225.

Mattli, Walter, 2006, 'Institutional Forum-Shopping: The Politics of Forging a Common Language in Financial Reporting,' Paper presented at RC-17 Session (The Politics of Global Standard-Setting), 20th International Political Science Association Congress, Fukuoka, 13 July 2006.

OECD, 1999, *Regulatory Reform and International Standardization*, OECD Working Party of the Trade Committee.

Quester, George H., 1997, 'Driving on the right vs. driving on the left: international standards in historical perspective,' *International Politics*, Vol. 34, No. 3, pp. 327–336.

Spruyt, Hendrik, 2001, 'The supply and demand of governance in standard-setting: insights from the past,' *Journal of European Public Policy*, Vol. 8, No. 3, pp. 371–391.（本号は世界標準の特集号）

第二章　グローバル化のなかの東アジア地域金融協力

城山　英明

1　はじめに――金融グローバル化への対応としての地域金融協力

一九八〇年代以降、アメリカを契機とする金融自由化は他の先進諸国にも波及し、国際資本移動を活発化させた。その結果、外国為替市場における取引の大部分が貿易決済ではなく、資本移動に伴う取引になっていった。そして、為替レートは乱高下し、経済の実態に影響を及ぼすようになった。ヨーロッパにおける一九九九年の単一通貨ユーロの導入に至る通貨協力の積み重ねは、このような事態に対する対応という側面を持っていた(田所二〇〇一、二七二―二七三頁)。

東アジアにおいても、地域金融協力は、一九九七年アジア通貨危機以降、急速な展開を遂げた。これは、貿易や安全保障といった分野に比べて相対的に遅れていた金融という一分野における国際組織化が試みられたというだけではなかった。東アジアにおける国際組織化自体の大きな牽引力となる動きでもあった。

たしかに、東アジア地域において、域内貿易依存度の増大等、地域金融協力を進めていくべき客観的条件は整いつつあった。また、中央銀行間の協力組織は以前から存在していた。東アジア・オセアニア中央銀行役員会議（ＥＭＥＡＰ：Executives' Meeting of East Asia and Pacific Central Banks）がオーストラリア、中国、香港、インドネシア、日本、韓国、マレーシア、ニュージーランド、フィリピン、シンガポール、タイの一一カ国・地域の中央銀行・通貨当局により一九九一年に設立されていた。これは、アジアにおけるＢＩＳ（国際決済銀行－中央銀行間の国際組織）を目指した組織であった。また、東アジア地域は経済規模が急激に拡大しているにもかかわらず、国際金融レジームの主たる担い手であるＩＭＦにおいては過少代表であった。そのため、地域的金融協力の枠組みを通してグローバルな発言力を強化するインセンティブを持っていた。しかし、具体的な動きが出てくるのは一九九七年のアジア通貨危機以降である。

以下では、まず、アジア通貨危機を契機とする、金融のグローバル化への対応としての地域金融協力の展開を描いてみたい。その上で、このような地域金融協力が位置付けられるより大きな政治的文脈である東アジア国際組織化についても探り、最後に、グローバルな文脈における地域的な経済的政治的ガバナンス構築に関する課題について述べてみたい。

2　東アジア地域金融協力の展開

アジア通貨危機と対応

アジア通貨危機は、一九九七年後半、タイ、インドネシア、韓国といった諸国を襲っていった。一九九七年七月には、タイのバーツが切り下げられ、危機に陥ると、一九九七年八月にタイ支援国会合が東京で開催され、IMFを中心に総額一七二億ドルの支援パッケージが整えられた。アメリカは二国間では支援しなかったが、日本は四〇億ドルの支援を行った。インドネシア、マレーシア、世界銀行（以下、世銀）、ADB（アジア開発銀行）、シンガポール、香港、韓国、中国、オーストラリアといった主体も支援した。

続いて、インドネシアが危機に陥った。一九九七年一一月に、今度は総額四〇〇億ドルの支援が決定され、日本は五〇億ドルを分担した。しかし、「構造改革」を志向するIMFやアメリカ政府とスハルト政権とのあいだの対立が激化し、一九九八年三月には橋本龍太郎首相が急遽ジャカルタ入りし調整を図るも、最終的には体制転換が引き起こされることとなった。さらに、韓国においても危機が発生した。一九九七年一二月には総額五八〇億ドルという巨大な支援策がとりまとめられ、うち、日本が一〇〇億ドルを分担した。ここでは、主要なプレーヤーが銀行だったこともあり、銀行からの協力も得た。

このような危機のなかで、いち早く一九九七年八月のタイ支援国会合の後、日本によりAMF（アジア通貨基金）構想が提案されることとなった。この背景には、アメリカが支援しないにもかかわらず多くの国々が支援を行ったタイ支援国会合会場において、「『アジアの連帯感』とでも呼ぶべきある種の熱気が漂っていた」（榊原二〇〇五、一八二頁）こともあったかもしれない。しかし、AMFとIMFが並存することは、二つの機関が異なったコンディショナリティーを課すことにより「モラルハザード」が起きる可能性がある、「既存機関との重複」になる、といった理由でアメリカ等により反対された。当時の日本の当事者は、「今から考えると性急すぎるプランだったし、アメリカや中国に対する根回しが不足したのが致命的であった」と回顧している（榊原二〇〇五、一八四頁）。

しかし、このような地域金融協力の枠組み自体が葬り去られたわけではなかった。一九九七年一一月には、マニラ・フレームワーク会合が開催され、マニラ・フレームワークについて合意された。これには、関係する一四カ国と世銀、ADBが参加していた。具体的には、①経済サーベイランスの年二回実施、②各国の金融セクターや市場監督強化のための技術支援、③IMFへの新たな短期的な融資の枠組みの要請、④域内国の支援スキーム「アジア通貨安定のための協調支援アレンジメント」創設、といった活動が提起された（岸本二〇〇一、三〇三頁）。

AMF構想は頓挫したものの、その後も日本からの構想が出されていくこととなった。一九九八年一〇月には、「アジア通貨危機支援に関する新構想」（新宮澤構想）が提示された。この構想により、アジア諸国の実体経済回復のための中長期の資金支援として円借款・旧輸銀融資等一五〇億ドル、経済改革過程での短期資金需要への備えとして一五〇億ドルの合計三〇〇億ドル規模が提供された。さらに、翌年、一九九九年五月にはAPEC（アジア太平洋経済協力会議）蔵相会議において、「新宮澤構想の第二ステージ」が提案された。これは、アジアの民間資金活用を意図するもので、アジア域内における資金調達システム構築が目指された。日本としては、国内の豊富な民間資金の還流を図り、円の国際化、東京市場の活性化にもつなげるという意図があった。

国際的にも、アジア通貨危機を踏まえて対応がとられた。たとえば、欧米中心の国際金融レジームの担い手であったＢＩＳは、一九九九年には韓国、中国、香港、シンガポール、マレーシア、インドネシア、フィリピンを国際的なフォーラムに招待するようになった。また、二〇〇〇年にはＢＩＳ香港事務所を開設し、ＢＡＣＣ（BIS Asian Consultative Council）を設置した（Nasution 2005, p. 430）。

アジア通貨危機がロシア等にも伝播するなかで、アジアの個別の国の問題だけではなく、国際金融システムの問題として認識されるようになる。一九九九年六月のＧ７財務大臣会議においては、「国際金融システムの強化」が議題となり、①新興市場国については性急に資本自由化を求めることはやめ、金融機関や金融監督の強化を先行させる、②先進国においてはヘッジファンドなどが金融システムを危険にさらすことのないよう、取引する金融機関のリスク管理を強化させるとともに、情報公開を促進する、③ＩＭＦが一方的に救済するのではなく貸手責任も全うさせる、といった方向性に関して認識が共有された（榊原二〇〇五、二三二頁）。そして、一九九九年のケルンサミットに、「国際金融アーキテクチャー強化に関するＧ７財務大臣報告書」が提出された。

以上のようなプロセスにおいて、日本の大蔵省の役割は大きかった。ＡＭＦ構想については生煮えの嫌いもあったが、一定の知的貢献を行い、まとまった資金を実際に提供したことの意義は大きかったように思われる。以下では、具体的試みとして、チェンマイ・イニシアティブとアジア債券市場イニシアティブについて見てみたい。チェンマイ・イニシアティブは、ヘッジファンド等にメッセージを送るための短期的試み、アジア債券市場イニシアティブは中長期的試みである。

チェンマイ・イニシアティブ

一九九九年一一月、第三回ＡＳＥＡＮプラス３首脳会議がマニラで開催された。その場において、「東アジアにおける協力に関する共同声明」が採択され、そのなかの具体的項目として、「利益を共有する金融、通貨、および財政問題に関する政策対話、調整、および協力を強化することにつき意見の一致を見た」。

このＡＳＥＡＮプラス３首脳会議における方針を受けて、二〇〇〇年五月にチェンマイで開催された第二回ＡＳＥＡＮプラス３財務大臣会議において、チェンマイ・イニシアティブ（ＣＭＩ）が合意された。その内容は、すべてのＡＳＥＡＮ加盟国を含みうるように拡大されたＡＳＥＡＮスワップ・アレンジメント（一〇億ドル）とＡＳＥＡＮ、中国、日本、韓国とのあいだの二国間スワップ等の取り決めとを組み合わせたものであった。当初想定されていたスワップ網は、二〇〇三年末に完成する。これは、八カ国間（日中韓＋インドネシア、マレーシア、フィリピン、シンガポール、タイ）で計一六件締結され、総額は三六五億ドルであった。形式的には、中央銀行間の協定（agreement）と大臣レベルのサイド・レターにより担保されていた。これは、二国間のスワップを束にしたものであったが、全体としては、当初ＡＭＦで想定していた短期流動性提供機能を一定程度果たすものであった。ただし、ＩＭＦとの関係を配慮し、

IMFプログラムを前提することなく発動できるスワップは一〇パーセントまでに限られていた。そして、このような地域的取り決めに対して、国際的なお墨付きも得た（黒田二〇〇三、五三頁）。

その後、二〇〇四年五月に済州島で開催された第七回ASEANプラス3財務大臣会議において、「CMIの有効性の強化」についての検討開始が合意され、二〇〇五年五月にイスタンブールで開催された第七回ASEANプラス3財務大臣会議において、CMIの強化策について合意され、二〇〇六年には実施されていくことになった。具体的には、①域内経済サーベイランスのCMIの枠組みへの統合と強化、②マルチ化の第一歩としてのスワップ発動プロセスの明確化と集団的意思決定メカニズム（単一の要請と単一の集団的意思決定、実施は個別）の確立（二〇〇六年には緊急時における集団的意思決定手続きを導入し、CMIのマルチ化に関するタスクフォース設置を指示）、③規模の大規模な拡大（二〇〇六年には約二倍の約七五〇億ドルに、二〇〇七年には総額八〇〇億ドルに）、④スワップ引出しメカニズムの改善（IMFプログラムなしに発動できるスワップ額の上限を一〇パーセントから二〇パーセントに引き上げ）、が図られることとなった。

このような通貨スワップを運用していく上で重要なのは、情報共有と政策対話である。実は、アジア通貨危機時においても、韓国やインドネシアといった相手国の状況がよくわからないことに伴う困難が、日本の大蔵省担当者によっても認識されていた。そのため、二〇〇一年五月にホノルルで開催された財務大臣会議において、事務レベルの検討部会を設置し、政策対話のプロセスの強化に向けた取り組みを行った。そして、この検討部会における議論の結果、政策対話に重点を置いた非公式代理会議を開催することになり（黒田 二〇〇三、二三九頁）、実際に、二〇〇二年四月にASEANプラス3財務大臣・中央銀行総裁代理会議がヤンゴンにおいて開催され、政策対話を開始した。事務局は、アジア開発銀行のREMU（Regional Economic Monitoring Unit）が務めた（Nasution 2005, p. 435）。ここでは、非公開で率直な議論が行われ、ピア・プレッシャーがかけられた。

この政策対話は、当初、ERPD（Economic Review and Policy Dialogue）と呼ばれていた（Nasution 2005, p. 435）。IMFを想起させるサーベイランスという用語を避けていたわけであるが、サーベイランスという用語もやがて用いられるようになった。なお、政策対話の形態としてどのようなものが望ましいのかについては、さまざまな議論が行われた。たとえば、BISモデル、OECD（経済協力開発機構）第三作業部会モデルといったものが提案された（Brouwer and Wang 2004, pp. 2, 6）。いずれにしろ、継続的に議論することで「トランスナショナルな専門家のネットワーク」が形成されたといえるだろう（田所二〇〇四、一三三頁）。ただし、東アジアにおいて一般的な頻繁な人事ローテーションゆえに、継続性という点では問題もあったようである（Brouwer and Wang 2004, p. 7）。

アジア債券市場イニシアティブ

アジア通貨危機の原因のひとつは、欧米等からの短期資金が急速に引き上げられたことであった。しかし、アジア地域では貯蓄率は高いのであり、アジア地域の貯蓄が一度欧米等外部に流れ、それがアジア地域に短期資金等として回帰する構造になっていた。そのため、必要とされるのは現地通貨であるのに提供されるのはドルであるという通貨のミスマッチ、必要とされる資金は長期資金であるにもかかわらず提供されるのは短期資金であるという期間のミスマッチの二重のミスマッチが発生していると考えられた(吉富二〇〇三)。したがって、アジア内部で資金が循環するメカニズムを構築すれば、欧米等からの資金流入のインパクトを軽減できると考えられた。このような考え方は、新宮澤構想第二ステージにおけるアジア域内における資金調達システムの構築といった目的にも見られる。

以上のような考え方を背景に、二〇〇三年八月に開催されたＡＳＥＡＮプラス３財務大臣会議において、アジア債券市場イニシアティブ(ＡＢＭＩ：Asian Bond Market Initiative)が発表された。これは、アジアにおいて、効率的で流動性の高い債券市場を育成することにより、アジアにおける貯蓄をアジアに対する投資へとよりよく活用できるようにすることを目的としていた。

ＡＢＭＩを進めていく上で、各国の制度的インフラ等についての調整を進めていく必要がある。そのために、六つのワーキンググループが設置された。具体的には、①新たな債務担保証券の開発のためのワーキンググループ(議長・タイ)、②信用保証メカニズムに関するワーキンググループ(議長・韓国)、③外国為替取引と決済の問題に関するワーキンググループ(議長・マレーシア)、④国際開発金融機関、外国の政府系機関およびアジアの多国籍企業による現地通貨建て債権発行に関するワーキンググループ(議長・中国)、⑤地域の格付機関に関するワーキンググループ(議長・シンガポールおよび日本)、⑥技術支援の調整に関するワーキンググループ(議長・インドネシア、フィリピン、マレーシア)、である。

このようなアジア債券市場の供給サイドからの試みと対応して、需要サイドからの実験として、アジア債権基金（ＡＢＦ：Asian Bond Fund）が、二〇〇三年六月、ＥＭＥＡＰ会議において発表された（規模一〇億ドル）。このアジア債権基金第一期（ＡＢＦ1）は、アジアの債券市場育成に向けた中央銀行間協力の一環として、ＥＭＥＡＰのメンバーである中央銀行が、外貨資産の一部を東アジア八カ国・地域（中国、香港、インドネシア、韓国、マレーシア、フィリピン、シンガポール、タイ）のドル建て国債、政府系企業債で構成されるファンドで合同運用するものであった。保守的な機関である中央銀行の資金をアジアにおける債券投資に振り向ける実験・デモンストレーションを通して、アジア債券市場の可能性をアピールしようというものであった。ただし、その運用は、各国の中央銀行からの資金運用の実績を持つＢＩＳに任せられた。

次に、アジア債権基金第二期（ＡＢＦ2）が、二〇〇五年春に開始された（規模二〇億ドル）。ＡＢＦ2の購入対象は、同じく国債、政府系企業債であったが、今度は、現地通貨建て債権の購入も開始された。また、運用も民間機関に任せられた（商品デザインに際しても市場参加者と協議した）。そして、投資家については、第一フェーズでは、ＡＢＦ1同様、ＥＭＥＡＰだが、第二フェーズでは、民間市場育成のため、民間投資家にも開放されることとなった。

また、債券市場育成のため、各国による政策的支援措置もとられるようになった。日本では、二〇〇四年六月に、国際協力銀行（ＪＢＩＣ）の保証政策に関わる財務省告示を改正し、ＪＢＩＣによる実験的支援が可能となった。そして、二〇〇四年六月には日系現地企業のバーツ建て債権への保証供与が行われ、二〇〇五年九月にはタイ・バーツ建て国際協力銀行債権の発行が行われた。

このような施策の結果、東アジアの現地通貨建て債券市場は、一九九七年の三六〇〇億ドルから二〇〇五年には一兆六五〇〇億ドルに拡大した。とはいえ、絶対的規模として十分なわけではなく、また、流通市場での回転率は低かった。

3　東アジア国際組織化への政治的含意

東アジア組織化の歴史的文脈

東アジアにおける地域金融協力は、この地域における政治的ガバナンス構築における含意も持っていた。東アジアにおける国際組織化は、第二次世界大戦後、さまざまな次元で試みられてきたが、なかなか成功しなかった。そのようななかで、一九八〇年には、学者、経済人、政府関係者の三者構成によるPECC（太平洋経済協力会議）の第一回目となる会議が開催され、一九八九年には政府間の組織としてAPEC（アジア太平洋経済協力会議）が開催された。APECは、アメリカ等北米南米諸国、オーストラリア等オセアニア諸国を含むものであった。また、安全保障分野では、ASEANを基礎として、一九九四年にはARF（ASEAN地域フォーラム）が設置された。ARFは、当時のASEAN加盟国、ASEAN拡大外相会議メンバーに、中国、ロシア、ヴェトナム、ラオス、パプアニューギニアを加えたものであった。

このような国際組織化においては、ASEANの役割が大きかった。経済分野におけるPECCやA

ＰＥＣの設立過程においては、ＡＳＥＡＮ諸国に対する配慮がなされ、ＡＳＥＡＮが設置のペースメーカーとなった。また、事務局もＡＳＥＡＮ内であるシンガポールに置かれた。また、安全保障分野におけるＡＲＦは、文字通りＡＳＥＡＮを基礎としたものであった（城山二〇〇〇）。

ＡＳＥＡＮプラス3

従来、ＡＳＥＡＮと域外諸国の対話の場としては、ＡＳＥＡＮ拡大外相会議（ＰＭＣ）があった。一九七八年に日・ＡＳＥＡＮ外相会議として開催されて以来拡大し、現在一〇カ国・機関と協議を行っている。それに対して、一九九七年にクアラルンプールで開催されたＡＳＥＡＮ三〇周年記念首脳会議に日中韓の首脳が招待されて開催されたＡＳＥＡＮプラス３という場は、いくつかの特徴を持つ。第一に、首脳会議が先行して設立され、その後、大臣レベルの場が設定された。第二に、大臣レベルの場としては、財務大臣会議が先行して設立され、外務大臣会合等はその後設置された。その背景としては、ＡＳＥＡＮプラス３の推進要因として、アジア通貨危機の存在が大きかったことが推測される。

その後、一九九八年にもＡＳＥＡＮ首脳会議に合わせてＡＳＥＡＮプラス３首脳会議が開催され、以後毎年開催されることになった。前述のように、一九九九年一一月にマニラで開催された第三回ＡＳＥＡＮプラス３首脳会議では「東アジアにおける協力に関する共同声明」が採択され、チェンマイ・イニシアティブのような地域金融協力につながっていった。

東アジア首脳会議（EAS：East Asia Summit）

ＡＳＥＡＮプラス３首脳会議においては、東アジア首脳会議の開催は当初から課題として認識されていた。当初は中長期的課題として認識されていたが、早くも二〇〇五年一二月にクアラルンプールにおいて開催されることとなった。参加国はＡＳＥＡＮ一〇カ国と日中韓およびオーストラリア、ニュージーランド、インドであった。二〇〇五年四月のＡＳＥＡＮ非公式外相会議、五月のＡＳＥＡＮプラス３非公式外相会議で参加資格を議論し、①東南アジア友好協力条約の締結国または締結意図を有すること、②ＡＳＥＡＮの完全な対等パートナーであること、③ＡＳＥＡＮと実質的な関係を有すること、が参加資格とされた。そして、二〇〇五年七月のＡＳＥＡＮプラス３外相会議で、オーストラリア、ニュージーランド、インドの参加を正式決定した。

この場で、東アジア首脳会議に関する「クアラルンプール宣言」が採択された。そこでは、①ＥＡＳは、この地域における共同体形成において「重要な役割（significant role）」を果たしうる、②ＥＡＳは、開放的、包含的、透明な枠組みである、③ＥＡＳは、グローバルな規範と普遍的価値の強化に努める、④ＥＡＳでは政治・安保、経済、社会・文化の幅広い領域にわたる分野に焦点を当てて活動する、⑤ＥＡＳは毎年開催し、ＡＳＥＡＮが主催・議長を担い、ＡＳＥＡＮ年次首脳会議の機会に開催する（参加国はＡＳＥＡＮが設定した基準に基づくものとする）、といった点が確認された。

日本は、小泉純一郎首相のシンガポールにおける二〇〇二年の演説に見られるように、ＡＳＥＡＮプラス３諸国とオーストラリア、ニュージーランドがコミュニティーの中心的メンバーとなっていくことを期待するという態度をとっていた（山影 二〇〇三、六頁）。そのため、日本は「ASEANプラス3とサミットを車の両輪として、共同体構想を進めるべき」という態度をとった。他方、中国は「一三カ国の枠組みこそ協力の効率と質を上げ、共同体の建設促進に有利だ」という態度を示した（島村 二〇〇六、四三頁）。EASはこの地域における共同体形成において「重要な役割」を果たしうるという結論は、両者の妥協の産物であったともいえる。

このように、東アジア首脳会議は、これまで主要な枠組みであり、地域金融協力をはじめとして実績を積み重ねてきたASEANプラス3とは異なるメンバーによる組織体となった。そのため、何を実質的な討議の素材とするか、模索することとなる。その結果、具体的なテーマとしては、二〇〇五年一二月の第一回東アジア首脳会議においては感染症問題が、二〇〇七年一月の第二回東アジア首脳会議においては、エネルギー安全保障問題が取り上げられた。

4　おわりに——東アジアにおける地域金融協力と国際組織化の課題

一九九七年のアジア通貨危機以降、急速に金融分野での地域金融協力が拡大し、ドルへの過度の依存への再検討が行われようになってきた。また、このような動きは、政治的には東アジア地域の国際組織化のドライバーとなってきた。これは、日本国内でいえば、従来、東アジアの国際組織化に熱心であった外務省や通商産業省に加えて、大蔵省が積極的に関与してきたことを意味していた。また、国際的次元では、一九九〇年代前半にはアメリカを入れるのか、入れないのかということは深刻な争点であったが、一九九〇年代の末には、AMF構想はアメリカの反発を惹起したものの、グローバル化に対する緩衝として地域レベルでの対応能力の重要性が認識されてきたこともあり、ASEANプラス3のようなアメリカを除いた場をつくること自体は主要な論点ではなくなった。

しかし、このようなグローバルな文脈における経済的政治的ガバナンス構築の試みには、地域金融協力の機能的な側面においても、また、東アジアの国際組織化の構造全体に関しても、課題がいまだに残っている。

まず、地域金融協力の機能的課題に関して触れておく。第一に、地域金融協力がアジア通貨危機の提起した課題に対する回答としては部分的であるという問題がある。タイ等における金融危機の原因のひとつは、地場金融機関の行動（短期資金の海外からの導入と非生産的な金融活動への利用）にあることは認識されており（奥田二〇〇〇）、IMF・世銀における対応の焦点も各国における金融制度改革であった（高安二〇〇五）。たしかに、ABMIは各国の債券市場制度改革を対象としているが、国レベルの金融システムをどのようにアップグレードするかという中心的観点からは、部分的な関与にとどまっていた。また、二重のミスマッチ問題へのアジア債券市場による対応という方向が、実際に東南アジア地域で経済成長を主導してきた海外からの直接投資による企業の資金調達の実態から見て実効的なのかという疑問もある（三重野二〇〇六）。また、地域金融協力の一環として日本が提示した新宮澤構想は、実体経済回復のための中長期的資金協力を謳っていたが、実際には、資金の大半が短期的な経済回復や社会的セーフティーネットのために使われた（末廣二〇〇一、二五一頁）。

第二に、国際標準と地域事情の整合性をどのようにつけるのかという課題がある。アジア通貨危機を経て、銀行監督については、各国ともバーゼル原則を遵守する旨明らかにしているほか、会計基準に関する国際標準化も進んでいる。たとえば、タイでは一九九七年一二月、政府とＩＭＦとの第二次政策協定合意書のなかで会計・監査制度の改革を約束し、二〇〇〇年八月には「一九七二年会計・監査法」を全面改定し、二〇〇一年三月からは国際会計基準協会（ＩＡＳＣ）あるいはアメリカ財務会計基準委員会（ＦＡＳＢ）に従って財務会計報告を作成することを義務付けた（末廣二〇〇六、二二五頁）。しかし、国際標準を他の条件を考慮せずに一律に適用することは問題もありうる。金融規制をどの程度厳格なものとするのかは、リスクとのバランスで評価されるべきであり、健全性規制を過度に強化すると資金仲介機能が低下し、経済発展を阻害する可能性があることも指摘されている（高安二〇〇五、三三六頁）。また、バーゼル委員会においては、先進国を念頭に置き銀行がそれぞれ内部リスク管理モデルを構築することが望ましいとされているが、「一般に、途上国の銀行のうちリスク管理能力が低い銀行については、この方法をそのままの形で導入するのは必ずしも適当ではない」といった問題もある（財務省二〇〇二、一一―一二頁）。このように、国際標準と業務の実情をつなげる業務準則の整備が早急に求められるといえる。なお、バーゼルⅡにおいては、中小企業の扱いをどうするかをめぐって、アジア諸国と欧米等とあいだに緊張があるようである。

第三に、コーポレート・ガバナンスの「改革」をどのように進めていくのかという課題がある。アジア通貨危機に対するIMFや世銀のアジア通貨危機・金融危機の分析では、企業や金融機関のコーポレート・ガバナンスのあり方が原因と認識され、各国においてコーポレート・ガバナンスの「改革」が進められていくこととなった。実際に、華人企業等のファミリービジネスにおいても一定の対応を求められた。たとえばタイでも、上場企業一般ではファミリービジネスの比率がそう減少しているわけではないが、上位企業、特に金融機関においては、コポートレート・ガバナンスの改革が進められている（末廣二〇〇六）。たしかに、地域金融協力には、焦点をコーポレート・ガバナンスから資金提供の質に転移させるという効果もあるが、実際に一定のインパクトを現地社会に対して持ちつつあるこの問題に対する回答にはなっていない。

次に、東アジアの国際組織化全体に関する組織的課題について述べておこう。たしかに、アジア通貨危機への対応のなかで、対話と情報共有は実務的に格段に深化してきており、そのことの意義は大きい。しかし、課題ごとの組織化という機能的アプローチを基礎とするという東アジアの国際組織化の基本的特色（城山二〇〇〇）は維持されている。逆にいえば、多様な組織単位が併存しているため、東アジアは境界がはっきりしない地域ということになる。ASEANプラス3（日中韓を含む）のほかに、アメリカ等を含むAPEC、東アジア首脳会議（ASEANプラス3にオーストラリア、ニュージーランド、インドを加えたもの）が併存している。また、地域金融協力についても、チェンマイ・イニシアティブを主導するASEANプラス3、オーストラリア、ニュージーランド含む中央銀行間の組織であるEMEAPが併存している。また、東アジアにおける国際組織化のASEAN依存体質がいつまで続くのかという課題がある。中国や日本といった域内大国がより積極的に東アジア組織化に関与しつつあるが、中国と日本の緊張関係が持続しているため、ＡＳＥＡＮが鍵となる主体であり続けている。東アジア首脳会議とＡＳＥＡＮプラス３首脳会議が併存しているという状況も、そのような緊張関係を象徴的に示しているといえる。

このように、これまでの東アジアにおける地域金融協力と関連した東アジア国際組織化の動きは、ドルとＩＭＦなどを中心とするグローバルな経済的ガバナンスや東アジア地域の政治的ガバナンスの課題への対応としては、必ずしも適切かつ十分なものではなかったともいえる。何が必要あるいは適切なのか、いろいろな観点からの課題設定が可能であるが、いずれにしろ多くの作業が残っているようである。

最後に、東アジアの国際組織化が、日本社会にとってどのような意味を持つのかという課題も考えてみる必要がある。東アジア地域統合は、少子高齢化時代における成長戦略であるという位置付けがある。また、円の国際化戦略であるという位置付けもある。あるいは、従来の日米貿易摩擦のような外圧にかわる国内変革のための手段であるという位置付けや、中国と協力していくための手段であるといった位置付けもある。移民をどのように考えるのかという課題にも関連している。このような、何のための東アジア国際組織化か、という議論は、日本社会のあり方を考える上でも重要になってくるだろう。

参考文献

奥田英信(二〇〇〇)、『ASEANの金融システム—直接投資と開発金融』東洋経済新報社。

岸本周平(二〇〇一)、「アジア金融戦略の展開」、末広昭・山影進編『アジア政治経済論—アジアの中の日本をめざして』NTT出版、第Ⅱ部第三章。

黒田東彦(二〇〇三)、『通貨外交—財務官の一三〇〇日』東洋経済新報社。

財務省(二〇〇二)、「アジア経済・金融の諸問題への取組み—危機の再発防止と安定的な経済成長の実現のために」(関税・外国為替等審議会外国為替等分科会アジア経済・金融の諸問題に関する専門部会)。

榊原英資(二〇〇五)、『日本と世界が震えた日—サイバー資本主義の成立』角川書店。

島村智子(二〇〇六)、「東アジア首脳会議(EAS)の創設と今後の課題」『レファレンス』五六巻五号、三九—四七頁。

城山英明(二〇〇〇)、「東アジアにおける国際規範実現の組織的基盤—国家間関係を基礎とする漸進的方式の意義と課題」、大沼保昭編『東亜の構想—二一世紀東アジアの規範秩序を求めて』筑摩書房、第七章。

末廣昭(二〇〇一)、「日本の新たなアジア関与—知的政策支援は可能か」、末廣昭・山影進編『アジア政治経済論—アジアの中の日本をめざして』NTT出版、第Ⅱ部第一章。

同(二〇〇六)、『ファミリービジネス論—後発工業化の担い手』名古屋大学出版会。

高安健一(二〇〇五)、『アジア金融再生—危機克服の戦略と政策』勁草書房。

田所昌幸(二〇〇一)、『「アメリカ」を超えたドル—金融グローバリゼーションと通貨外交』中央公論新社。

同(二〇〇四)、「アジアにおける地域通貨協力の展開」、添谷芳秀・田所昌幸編『日本の東アジア構想』慶応大学出版会。

三重野文晴(二〇〇六)、「新しい金融システムの構築と日本—アジア金融危機以後の問題認識」『グローバリゼーション下のアジアと日本の役割』国際協力銀行開発金融研究所。

山影進(二〇〇三)、「東アジア地域主義と日本・ASEANパートナーシップ」、山影進編『東アジア地域主義と日本外交』日本国際問題研究所、序。

吉富勝(二〇〇三)、『アジア経済の真実』東洋経済新報社。

Brouwer, Gordon de and Wang, Yunjong, eds., 2004, *Financial Governance in East Asia: Policy dialogue, surveillance and cooperation*, Routledge Curzon.

Nasution, Anwar, 2005, "Monetary Cooperation in East Asia," *Journal of Asian Economcs*, Vol. 16, pp. 422–442.

第三章　重大犯罪処罰のグローバル化
――国際刑事裁判所を軸として

河島　さえ子

1　はじめに

二〇〇二年七月一日、国際刑事裁判所規程（以下、ＩＣＣ規程）が発効し、国際刑事裁判所（以下、ＩＣＣ）が名実ともに設立された。国際法上の犯罪である戦争犯罪や人道に対する罪などの重大犯罪に関して、個人の刑事責任を問う史上初の常設国際裁判所が始動したのである。ＩＣＣ設立の目的は、世界の平和・安全・福祉への脅威となる重大犯罪の不処罰に終止符を打ち、再発を防止することである〔前文〕。いい換えれば、平和・安全・福祉という国際社会共通の保護されるべき価値（保護法益）が存在し、それを脅かすような犯罪には国家の枠を超えてでも対処すべきである、という理念が根底にある（Bergsmo & Triffterer 1999, pp. 9–12）。このような保護法益を念頭につくられたＩＣＣは、締約国のみならず非締約国の刑事管轄権まで制約するシステムを内包する。主権国家が並存する国際社会において、国家主権の中心であった刑事管轄権をこのような形で制約し、国家を超えて直接個人を裁く常設国際裁判所ができたということは、革新的な出来事といってもよい（小和田 一九九九）。ただし、主権国家が中心的な位置を占める国際社会の現状に鑑み、ＩＣＣでは国家の刑事管轄権を尊重することが依然原則とされた。そして、国内裁判所が機能していない場合にのみＩＣＣが補完的に管轄権を行使する制度がつくり出されたのである。

また、以上のような設立目的の下、度重なる紛争と非人道的行為により破壊された社会の回復作業――平和構築――に、ＩＣＣが真の意味で貢献することが期待されている。そのため、修復的司法の考え方も取り入れられ、被害者が積極的に訴訟に関わる制度が設けられた。

もうひとつＩＣＣの特徴的なところは、設立過程、設立後の運営においてＮＧＯの関わりが非常に大きいことである。この現象は今までの国際機関には見られなかったものであろう。

このように、ＩＣＣは非常に斬新な制度・現象の総体であり、国際社会に新境地を開いたかのように見えるが、その分たくさんの課題も抱えている。本章では、ＩＣＣの制度とそれに関連するＩＣＣ判例の動向、そしてその周辺で起こっている事象を概観することを通して、ＩＣＣを中心に進行している重大犯罪処罰に関する刑事司法のグローバル化を素描し、そこで立ち現われてくる課題を提示することを試みたい。

2　ICCの設立前史と現在

戦争犯罪人個人を国際的な法廷で処罰する主な試みは、第一次世界大戦後のヴェルサイユ平和条約に始まるが、これは実現しないままに終わり、第二次世界大戦後になって戦勝国が敗戦国の戦争主導者の犯罪を裁くという形でニュルンベルク裁判と東京裁判が開かれたのみであった。その後、冷戦下においてそのような試みは長い間棚上げにされた。冷戦終焉後、この状況に変化を与えたのが、旧ユーゴスラビア紛争とルワンダ内戦であった。そこでの惨状に直面した国連安全保障理事会（以下、安保理）は、国連憲章七章下の制裁措置として、これら紛争における個人の刑事責任を扱う暫定的裁判所、旧ユーゴスラビア国際刑事裁判所（以下、ICTY）とルワンダ国際刑事裁判所（以下、ICTR）を一九九三年と一九九四年にそれぞれ設立した。他方、常設国際刑事裁判所の構想は一九八九年に再び国連総会の議題となり、総会の委託を受けた国際法委員会は一九九四年にICC規程草案を採択した。その後、これを土台に各国間で審議が重ねられ、一九九八年の外交会議でついにICC規程が採択されたのである（賛成一二〇票、反対七票――米国、中国を含む――、棄権二一票）。

ICCの設立過程においては、NGOが組織立った活動をし、非常に強い影響力を及ぼしたことが知られている。NGOは数百の団体からなる連合体をつくり、ICC規程草案の準備段階から積極的に議論に加わった。外交会議においてはオブザーバーとして出席するだけでなく、NGO連合内で共同戦略を練って組織化されたロビーイングを行い、十分な専門家のいない途上国や小規模国の代表団にアドバイスを行ったりもした（マッケイ二〇〇七b、Pace & Schense 2002, Glasius 2006）。ＮＧＯはＩＣＣ規程採択後も、規程の早期批准を各国に促すキャンペーンを行うなど、活発な活動を続けた。その甲斐もあり、二〇〇二年七月には規程発効に必要な批准国数が満たされ、ＩＣＣ規程は発効した。

二〇〇七年一〇月一日現在、ＩＣＣ規程の締約国は一〇五カ国である。締約国の分布は南米、ヨーロッパ、アフリカに集中している。中近東ではヨルダンのみ、アジアではアフガニスタン、カンボジア、韓国、日本（二〇〇七年七月一七日加入書寄託、同年一〇月一日発効）など少数の国のみが締約国である。安保理常任理事国のうち、アメリカ、ロシアそして中国は締約国とはなっていない。

また、二〇〇七年一〇月一日現在、ＩＣＣ検察官は、スーダンのダルフール地方（以下、スーダン）・ウガンダ・コンゴ民主共和国（以下、コンゴ）・中央アフリカ共和国の四件の事態を捜査の対象としている。このうち、ウガンダの事態に関しては二〇〇五年七月に五人の被疑者に対して逮捕状が発行され（うち四人の逮捕状が現在有効）、スーダンの事態に関しては二〇〇七年四月に二人の被疑者に対して逮捕状が発行されたが、まだ一人も逮捕はされていない。コンゴの事態に関しては、二〇〇六年三月に被告人トーマス・ルバンガ・ディーロが逮捕されてＩＣＣに引き渡されたため、起訴内容の確認と裁判開始決定が二〇〇七年一月に出され、第一審での公判準備手続が同年九月から始まっている。

3　国連・国家とＩＣＣ

国連との関係

　ＩＣＣは国連の下部機関ではなく、国連からは独立した国際機関として法人格を持つ。しかしながら、ＩＣＣ規程二条に基づき二〇〇四年にＩＣＣと国連が締結した協定は、この二つの機関が緊密に協力することを義務付ける。さらに、安保理は、国連憲章三九条がいうところの「平和に対する脅威、平和の破壊または侵略行為」と認定されるような状況が存在する場合、国連憲章七章に基づき、ＩＣＣ管轄の犯罪が発生していると思われる事態をＩＣＣに付託することができる。また、ＩＣＣの介入が平和への脅威・平和破壊への危険性を増すと判断するのであれば、同じく国連憲章七章に基づき、安保理はＩＣＣ検察官に捜査または訴追を一時停止するよう要請することもできる（最初の停止期間は一二カ月間で、その後更新可）(Condorelli & Villalpando 2002, pp. 630–632, 646–647, 藤田 二〇〇七)。

国家との関係

　ＩＣＣは警察機構を持たない。そこで、実際には、証拠収集や犯人逮捕を含む捜査・訴追活動において国家の協力に依存することになる。ＩＣＣが行う捜査・訴追に関して、ＩＣＣに協力することは締約国の義務である。しかしながら、ＩＣＣが犯人逮捕・引渡しなどを要請し、締約国がそれに従わない場合、ＩＣＣはそれを強制する手段を持たない。その締約国が要請に従わない旨を締約国会議に報告できるのみである。事態が安保理により付託された場合は、安保理にそのような報告をすることができる。しかし、報告をしたからといって、締約国会議や安保理によって何か措置がとられるとは限られず、締約国（特に犯罪行為地国）の協力が得られない場合は、ＩＣＣによる捜査・訴追は困難を極めることになる。非締約国が相手なら協力を得るのはなおさら難しいことはいうまでもない。

4　ＩＣＣの管轄権に関わる諸問題

対象犯罪（事項的管轄権）

ＩＣＣの管轄する犯罪は、国際社会全体の関心事である最も重大な犯罪に限られる〔一、五条〕。具体的には、ＩＣＣ規程五条に挙げられている(1)ジェノサイド罪、(2)人道に対する罪、(3)戦争犯罪、(4)侵略の罪（未定義）の範疇に入る犯罪――「コア・クライム」と通称される――が、ＩＣＣの事項的管轄権の対象となる。締約国になった国は、これらの犯罪に対するＩＣＣの管轄権を自動的に受諾したものとみなされる。麻薬取引、テロリズムなど「条約上の犯罪」と呼ばれるものが対象犯罪として起草案に盛り込まれたこともあったが、これらの犯罪がコア・クライムと性質上異なること、また、テロリズムの定義の難しさもあることから、これらの犯罪をＩＣＣ規程に含めることは見送られた。ＩＣＣ管轄とされる犯罪は、犯罪防止・取締りのために国際的協力が必要であるから「国際的」である以上に、その犯罪の凶悪性が国際社会の関心事項となるほどのものであるがゆえに「国際的」である、という指摘が思い出されるところである（Schabas 2004, p. 26, Sadat 2002, pp. 109–111）。ただし、外交会議の最終文書は、再検討会議（二〇〇九年開催予定）で、これらの犯罪の定義とＩＣＣ規程への追加を検討するよう勧告している。二〇〇一年の九・一一事件以降、テロリズム罪に対する関心は高まっており、再検討会議でどのような議論がなされるか興味深い。

管轄権発動のメカニズムと管轄権の場所的範囲

ＩＣＣが管轄権を発動するのは次の三つの場合である。すなわち、ＩＣＣ管轄下の犯罪が行われたと思われる事態（situation）に関し、⑴締約国が検察官に付託した場合、⑵国連憲章七章に基づき安保理が検察官に付託した場合、⑶検察官が職権で捜査を開始した場合にＩＣＣは管轄権を行使する。ただし、⑶の場合、検察官が最初に職権で行うのは予備的な捜査で、正式な捜査開始は予審裁判部による承認が必要である。また、⑴と⑵の場合は、事態の付託を受けた検察官が捜査を開始したあと、訴追する十分な根拠がないことを理由に捜査を中断することもできる。この場合、予審裁判部がこの捜査中断決定を再検討する。検察官の独立を保障し、かつ裁量権濫用を防止するために、このような複雑な仕組みがとられている。

⑴（締約国による付託）と⑶（検察官による職権捜査）の場合、ＩＣＣは犯罪行為地国または被疑者の国籍国が締約国である場合にのみ管轄権を行使できる。ただし、犯罪行為地国または被疑者国籍国が非締約国であってもＩＣＣの管轄権を個別に受諾した場合は、ＩＣＣの管轄権行使が可能である。他方、⑵（安

保理による付託）の場合は、世界中のどこで犯された犯罪であってもＩＣＣは管轄権を有する。つまり、犯罪行為地国・被疑者国籍国が非締約国であって、管轄権受諾宣言を行っていなくてもＩＣＣは管轄権を行使できるのである（判例Ｄ、para. 16）。

ＩＣＣの管轄権の場所的範囲について注意すべき点は、⑴と⑶の場合であっても、非締約国の国民による犯罪が締約国内で行われたのであれば、ＩＣＣ管轄権の対象となる、ということである。これは世界各地に軍を展開する国々にとっては、たとえＩＣＣ規程に加盟せずとも自国民がＩＣＣの訴追対象になるということを意味しており、特にアメリカがＩＣＣに反発する主な理由となっている（本章８参照）。

現在ＩＣＣ検察による捜査の対象となっている四件の事態のうち、スーダンの事態は二〇〇五年三月に⑵の手続きを経てＩＣＣに付託されたものであり（安保理決議一五九三）、スーダンは非締約国である。他方、ウガンダ・コンゴ・中央アフリカ共和国の事態は、二〇〇四年から二〇〇五年のあいだに⑴の手続きを経て付託されたものである。この際注意すべき点は、後者三国が、自国内で生じた事態を締約国としてＩＣＣに自ら付託したということであり、これは自己付託（self-referral）と呼ばれる。もともと⑴の手続きにおいては、犯罪行為地国以外の締約国が付託を行うことが想定されていたので、当初描かれていたシナリオとは随分違ったことが起こっているわけである。自己付託をする国は、自国内で訴追手続を進めることを自ら放棄し、かわりにＩＣＣに訴追をしてもらおうと願い出るわけで、「補完性の放棄」とも呼ばれることもある（本章５参照）。この裏には、職権で捜査を開始する際の煩雑な手続きを避け、被疑者・被告人の逮捕を容易にするために、国内政府との協力・対話を積極的に行い、自己付託を勧誘する検察官の「外交」がある。しかしながら、このような方法がとられると反政府組織の指導者は訴追しやすくなっても、国内政府の指導者は訴追しにくくなる。要するに検察官の公平性が問われるわけである。このことは、国家の協力を得ることが難しいなか、検察官の公平性を保ちつつ、どのように捜査・訴追を効果的に進めていくのかというＩＣＣの難しい課題を示しているのである（古谷二〇〇七）。

5　ＩＣＣにおける補完性の原則

ＩＣＣの管轄権は国内裁判所の管轄権に優先するものではなく、競合もしない（Sadat 2002, p. 119, Holmes 2002, pp. 667, 672）。ＩＣＣ規程五条に列挙される重大犯罪に対する管轄権は国内裁判所がＩＣＣに優先して持っているのであり、ＩＣＣはこれを特定の場合に補完するのみである〔前文、一条〕。これは「補完性（Complementarity）の原則」と呼ばれる。どのような場合に「補完」をするのかは受理可能性に関するＩＣＣ規程一七条に規定されている。おおまかにいうと、⑴管轄権を有する国に事件を「真正に捜査または訴追する意図もしくは能力」がなく、⑵事件が十分な重大性を有しているときのみＩＣＣは国内裁判所を補完し事件を受理することが許されるのである。以下では⑴と⑵の要件をもう少し詳しく見ていきたい。

国家における真正に捜査または訴追する意図・能力の有無

まず、当該事件に管轄権を有する国によって、現に事件の捜査もしくは訴追が行われているか、または捜査が行われたものの不起訴処分の決定がなされた場合には、ＩＣＣは事件を受理することができない。ただし、そのような国が真正に捜査または訴追する意図もしくは能力を欠いている場合、ＩＣＣは事件を受理することができる〔一七条一項(a)(b)――一事不再理の原則に関する一七条一項(c)と二〇条三項も参照〕。このような国家の意図・能力の有無を判断するのはＩＣＣである〔一九条一項〕。では、ある国がある事件を「真正に捜査または訴追する意図もしくは能力を欠いている」場合とは、どのように判断されるのだろうか。

たとえば、コンゴの事態に関するルバンガ被告人の事件を見てみよう。反政府勢力コンゴ愛国者連合（ＵＰＣ）とその軍事部門であるコンゴ解放愛国軍（ＦＰＬＣ）の指導者であった同被告人は、コンゴ東部のイトゥーリ地方における紛争の際、二〇〇二年九月はじめから二〇〇三年八月一三日にかけて一五歳未満の児童兵を徴用したという罪状でＩＣＣにおいて訴追されている〔判例Ｂ〕。検察官は、当該紛争中ＵＰＣが関わったとされる虐殺や強姦の責任を問うことは今のところ控えている。またコンゴの事態は自己付託であることにも留意する必要があるが、ＩＣＣ予審裁判部はこの事件に関し次のように判断した。

コンゴ政府は、自己付託の際に、国内での捜査・訴追が不可能である旨を伝えてきており、この時点では当該国に捜査・訴追能力がなかったといってよい。その後当該国政府はその立場を変えるような意思を一切表明していない。しかし、二〇〇四年三月からイトゥーリ地方で大審裁判所が再開され、二〇〇五年三月には数個の事件に関してルバンガ被告人を逮捕・勾留をするに至ったのであり、それを考えれば、全般的には二〇〇四年三月からコンゴ当局に捜査・訴追の能力があったといえる。しかしながら、ＩＣＣ規程一七条にいう「事件（case）」とは、「一人以上の特定の被疑者によってＩＣＣ管轄内の犯罪が行われたと見受けられる特定の出来事」であり、被疑者の特定されていないより一般的な「事態（situation）」とは区別される。このことから導かれる結論は、当該事件がＩＣＣで受理不可能とされるためには、国内裁判所において進行する捜査・訴追手続が、当該事件の対象とする人（被疑者・被告人）と行為双方を対象として含んでいなければならない、ということである。コンゴの大審裁判所がルバンガ被告人に出した逮捕状には、ＩＣＣでかけられている事件において刑事責任が問われている行為（児童兵士徴用）が記載されておらず、大審裁判所は別の事件を扱うものと考えられる。よって、当該事件のＩＣＣによる受理可能性は妨げられない（判例Ｃ、paras 30–40）。

実際、コンゴでは、戦争犯罪や人道に対する罪を裁く軍事法廷が、徐々に開かれているようである（International Justice Tribune Series 2007, pp. 86–89）。しかし、判例は「真正に捜査または訴追する意図・能力」の有無がそのような全般的な状況から判断されるのではないことを確認した。国内裁判所が同じ事態に関する事件を扱っていて、それについて同じ被告人を捜査・訴追していても、対象犯罪行為が違えばＩＣＣにかかっている事件とは別事件とみなされる。そして、ＩＣＣにかかっている事件は国内で捜査・訴追されていないのであるから、その事件に関する国家の「真正に捜査または訴追する意図・能力」を判断するまでもなく、ＩＣＣは事件を受理できるのである。そして、厳格な意味でＩＣＣと国内裁判所が同事件を扱おうとしていると判断される場合にのみ、ＩＣＣはその事件に限って国内裁判所の「真正に捜査または訴追する意図・能力」を個別に判断するわけである。判例はスーダンの事態に関しても似たような決定をしている（判例D、paras 18–25）。

この判例でもうひとつ興味深い点は、自己付託の場合でも、ＩＣＣはそれを完全な「補完性の放棄」とみなして受理可能性を自動的に認めるのではなく、当該国が同事件を捜査・訴追しているか、もしそうならば当該国にその事件を「真正に捜査または訴追する意図と能力」があるか、そして事件が十分な重大性を有しているか（後述）を、自己付託国の自己分析とは別個に判断して受理可能性を審査することを示した点である。ここでは、客観的に国内裁判所の状況を判断し、国内裁判所が実際に機能するならば介入を避けることにより、補完性の原則を厳格に貫こうとするＩＣＣの姿勢が垣間見られる。

「真正に捜査または訴追する意図もしくは能力」の具体的判断基準については、ＩＣＣ規程一七条二、三項に規定がある。詳細を記述することは避けるが、この基準適用に関し、国内立法との関係で問題となる点をいくつか挙げておきたい。各締約国は、ＩＣＣの事項的管轄権内の犯罪を国内法に取り込み、国内で処罰可能にする義務を負ってはいない。よって、たとえば国内法ではＩＣＣ規程上の犯罪が規定されていないためジェノサイド罪としては事件を扱えず、殺人など普通犯罪の名の下、捜査・訴追または処罰がなされた場合、補完性の観点から見て、当該国に事件を処理する真正な能力と意図があったとみなされうるのかという問題が生じる。また、ＩＣＣ規程上の犯罪が国内法に取り込まれている場合でも、犯罪構成要件をＩＣＣより厳しくしている場合は、ＩＣＣで有罪になる行為が国内裁判所では無罪とされたり、不起訴とされる可能性もある。この場合でも国内裁判所に事件を捜査・訴追する能力と意図があったとみなすのであろうか。今後の判例の進展が待たれるところである。

事件の重大性

次にICCは、事件がICCの行動を正当化するに足る十分な重大性（gravity）を有していない場合、受理が不可能であることを決定しなければならない〔一七条一項(d)〕。ICCの判例は、ある事件が十分な重大性を有すると認定されるための三つの要件を示した。(1)問題とされている行為が組織的または大規模であること、(2)被疑者の属する国家機関・組織・軍隊など（以下、組織）において、被疑者が最高指導者の範疇に入ること、(3)被疑者の属していた組織がICC管轄権内の犯罪を組織的または大規模に行った際に(a)被疑者の果たした役割と、(b)組織自体が果たした役割から見て、被疑者がそのような犯罪について最も責任ある最高指導者の範疇に入ること、である（判例C、**paras 46, 50–52, 63** ――この基準設定はICTY・ICTRにおける中小規模の事件を国内裁判所へ移送する手続きも参考にしているようである）。判例は、このような厳しい重大性の基準を用いる理由として、ICC規程前文にある補完性の原則と重大犯罪防止の重要性を強調した上で、(2)・(3)の範疇に入るような人物が最も効果的に重大犯罪を防止できる立場にあるとし、ICCがそのような人物のみを扱い、同じような地位にある人物に警告を鳴らすことが重大犯罪防止の最も効率的な方法である、としている（判例C、**paras 47–60**）。

ただ、ここで指摘しておかねばならないのは、ICCにおいて受理可能な事件の重大性をこのように厳しく絞れば絞るほど、国内裁判所が機能していない場合に不処罰に終わってしまう重大犯罪は増加する、ということである。たとえば、人道に対する罪に相当する犯罪であっても、単発的であったり、加害者が中クラスの地位にあったりする場合、ＩＣＣはその事件を受理できない。かといって犯罪が発生した国の国内裁判所が機能していない場合、その事件が国内で裁かれるという保障もない。被害者にとっては中・下級の地位にある者のほうが顔に見覚えのある恐ろしい加害者であるのかもしれず、そのような者が紛争後も大きな顔をして町を歩いていたら、それは不処罰の好例である。したがって、ＩＣＣの受理可能性の基準となる「事件の重大性」を非常に厳しく解釈することが、重大犯罪予防に最も効果的であるかどうかは疑問である。ただし、ＩＣＣの規模を考えると、ＩＣＣが効率的に機能するためには、ある程度厳しい解釈をして扱う事件を最小限にとどめる必要があることは否めない。その穴を埋めるものとして、国内における法曹育成を支援し国内裁判所の機能をいち早く復活させるための援助をしていくことは国際社会の重要な課題である。これに関連して、法曹育成効果のある国際・国内混合裁判所（後述）の役回りも注目されるところである。

6　ＩＣＣにおける被害者のための制度

たとえ訴訟が行われて犯罪者が処罰されても、その被害者が訴訟のことをよく知らないため正義が実現されたという感触が得られず、またいったん破壊された生活の改善もなされないのであれば、被害者に真の平和は訪れない。そこでＩＣＣでは、被害者が訴訟手続に参加し、賠償を請求できる制度が導入された。また、被害者信託基金も設立されている。このような制度は、社会の回復を目指す「修復的司法」の実践であり、他の国際的な刑事裁判所にはない革新的なものである（詳しくは、稲角二〇〇七、マッケイ二〇〇七ａ、Jorda & de Hamptinne 2002 などを参照）。

ただし、この制度の運営についてはさまざまな問題が予想される。たとえば、ＩＣＣの予審裁判部は事態の捜査段階から被害者が手続きに参加し、意見提出をすることを認めた（判例Ａ）。しかし、被疑者すら確定されないときにある者を「被害者」と認め手続参加を許容することは、無罪の推定を損ない、検察官の裁量権を侵害するとの批判もある。また、特定の事件ではなく、より一般的な事態の被害者の数は膨大なものであるから、ＩＣＣに過大な負担が生じるとの懸念もある。現に検察官はそのような理由から事態の捜査段階での被害者手続参加に強行に反対してきたが、他の予審裁判部も今のところ最初の予審裁判部の決定を踏襲している（判例Ｅ）。その他、膨大な数の被害者に賠償をどのような形で行うのか、被害者が訴訟に参加することによる手続きの複雑化、遅延をどのように打開すべきかなど今後の課題はつきない。

７　ＮＧＯとＩＣＣ

ＩＣＣの設立過程におけるＮＧＯの影響力については、本章２ですでに述べた。ＮＧＯはその後もＩ

CCに深く関わっている。それはICCの広報活動や手続きの公正性の監視のみにとどまらない。ICC書記局内の被害者手続参加・賠償請求を支援する部署の立ち上げに初期の段階から関わった職員やその部署の長は、NGO連合で活躍したNGO出身者である。また最近では、NGOの後ろ盾により、被害者がICCでの手続参加を申請した。さらに、犯罪行為地国の協力が必ずしも得られない状況においては、現地に入り込んでいるNGOがICC検察官の捜査において重要な情報源となったりもする（これはICTY・ICTRにも見られる現象である）。このように、ICCに対するNGOの関わりは切っても切れるものではなく、また多岐にわたっており、国際機関の新たなあり方を示すものであるともいえよう。

ICC設立の過程において、NGOは、主権侵害を懸念する国家に対して、不処罰の文化を廃し正義の実現を図ろうという道義的な面を強調することでICC設立への気運を盛り上げ、国家を牽引する役割を担ったとされる（マッケイ二〇〇七b、Glasius 2006）。他方、ある特定の利益を代表するNGOが、必ずしもバランスのとれた議論・行動をしているとは限らない。ICCがNGOに頼りすぎることはICCの公平性に支障をきたす可能性もあるわけで、NGOとの距離の保ち方はICCの今後の課題となるであろう。

8　アメリカとICC――結びにかえて

現在世界で唯一の超大国であるアメリカは、ICCに敵対的な態度を示してきた。自国民が、ICC

訴追の対象になることを恐れているのがその理由であるとされる。アメリカはクリントン政権のときにＩＣＣ規程に署名したものの、ブッシュ政権になって、二〇〇二年に署名を取り下げた。また、自国民にＩＣＣ管轄権を行使させないため、あらゆる措置をとっている。なかでも有名なのがＩＣＣ規程九八条二項を利用して二国間協定を結び、そのなかで米国民をＩＣＣに引き渡さないことを相手国に約束させるという戦略である。この際、アメリカは協定を結ばなければ軍事・経済援助を停止すると脅しをかけ、五四カ国が協定締結を拒絶したものの、多くのＩＣＣ締約国がこれに屈した（古谷 二〇〇七、International Justice Tribune Series 2007, pp. 95–105 ――最近は対テロ戦争の長期化に伴いアメリカの態度も軟化傾向にあるといわれる）。

他方、アメリカは、国際刑事司法や重大犯罪処罰そのものに真っ向から反対しているわけではない。むしろ、アメリカはＩＣＴＹ・ＩＣＴＲの設立において中心的な役割を果たした国であり、混合裁判所といわれ、国際・国内双方の性質を持つシエラレオネ特別法廷、コソボ混合法廷、カンボジア特別法廷、東ティモール特別裁判官パネル、レバノン特別法廷の設立を推進・援助してきた国でもある。これらの混合裁判所は、国連と国家間の協定や国連暫定統治機構によって設立されたものであり、国内法廷の形をとるものの、裁判官や検察官に国際スタッフが加わるのが通常であるが、どのような犯罪を管轄するのか（指導者層のみを管轄の対象にするのか、戦争犯罪や人道に対する罪だけでなく普通犯罪も管轄に入れるのかなど）についてばらつきが見られ、前記補完性の原則のようなものが必ずしも一律に適用されているわけではない（詳しくは北村 二〇〇七、Romano, Nollkaemper & Keffner 2004 などを参照）。二〇〇七年五月三〇日に安保理が国連とレバノン間の協定発効を国連憲章七章下で決議したことにより設立される運びとなったレバノン特別法廷に至っては、対象をハリリ前レバノン首相の暗殺に特化しており、戦争犯罪や人道に対する罪は扱わず、国内刑法で規定されているテロリズム・殺人関連の罪を適用することになっている(安保理決議一七五七――決議ではテロ活動を平和に対する脅威とする)。他方で、多数の虐殺を行った罪を問われたイラクのフセイン元大統領は、アメリカに後押しされた国内特別法廷で裁かれた。自国民が裁かれる可能性があるとなると二の足を踏むアメリカは、ＩＣＣとは違った形で独自の国際刑事司法システムの形成を図ろうとしているようでもある。したがって、ＩＣＣとその周辺だけでなくアメリカを含めた国際社会全体を見たときに、国際刑事法がどのような原理に基づき、どのように国際管轄権と国内管轄権の役割分担を行おうとしているのか詳細に分析する必要がある。そして、そのような分析を通して、刑事管轄権の分野における国家主権の相対化の程度とその理論的基礎を見出していくことが今後の重要な課題であるといえよう。

*ＩＣＣにおける制度説明の部分はＩＣＣ規程条文に基づく。紙面の都合上、参照条文の提示は最小限にとどめ、〔〇条〕という形で示した。また、ＩＣＣ判例の正式名称掲示も控えた。本章は筆者の個人的見解に基づくものであり、筆者の所属する機関(ＩＣＴＹ・国連)の見解を反映するものではない。
**脱稿後、コンゴの事態に関してさらに二人の被告人が、コンゴからＩＣＣに引き渡されたことを付言しておく。

参考文献

安藤泰子（二〇〇二）、『国際刑事裁判所の理念』成文堂。

稲角光恵（二〇〇七）、「国際刑事裁判所における被害者の権利保障」『法律時報』七九巻四号、四八―五三頁。

小和田恆（一九九九）、「国際刑事裁判所設立の意義と問題点」『国際法外交雑誌』九八巻五号、一―三〇頁。

北村泰三（二〇〇七）、「混合刑事裁判所の課題と展望―国際人道法レジームへの予兆」『法律時報』七九巻四号、五四―六〇頁。

『国際法外交雑誌』（一九九九）、「国際刑事裁判所」特集、九八巻五号。

『ジュリスト』（一九九八）、「国際刑事裁判所の設立」特集、一一四六号。

城山英明・石田勇治・遠藤乾編（二〇〇七）、『紛争現場からの平和構築』東信堂。

多谷千香子（二〇〇六）、『戦争犯罪と法』岩波書店。

藤田久一（二〇〇七）、「国際人道秩序の構築と国際刑事裁判所（ＩＣＣ）の役割」『法律時報』七九巻四号、四―一一頁。

古谷修一（二〇〇七）、「稼動を始めた国際刑事裁判所の課題―外からの抵抗と内なる挑戦」『法律時報』七九巻四号、一八―二四頁。

『法律時報』（二〇〇七）、「国際刑事裁判所の将来と日本の課題」特集、七九巻四号。

マッケイ、フィオナ（二〇〇七ａ）、「国際刑事裁判所における被害者の参加と賠償に関する法的枠組み実施の課題」（河島さえ子訳）城山・石田・遠藤編、前掲書第10章。

マッケイ、フィオナ（二〇〇七ｂ）、「国際刑事裁判所設立におけるＮＧＯの役割」（五十嵐元道訳）城山・石田・遠藤編、前掲書第13章。

山本草二（一九九一）、『国際刑事法』三省堂。

Benzing, Markus, 2003, 'The Complementarity Regime of the International Criminal Court: International Criminal Justice between State Sovereignty and the Fight against Impunity,' *Max Planck Yearbook of United Nations Law*, Vol. 7.

Bergsmo, Morten and Triffterer, Otto, 1999, 'PREAMBLE,' in Triffterer, ed., pp. 1-16.

Cassese, Antonio, Gaeta, Paola and Jones, John R.W.D., eds., 2002, *The Rome Statute for an International Criminal Court: A Commentary*, Oxford University Press.

Condorelli, Luisi and Villalpando, Santiago, 2002, 'Referral and Deferral by the Security Council,' in Cassese, Gaeta and Jones, eds., pp. 627–655.

Glasius, Marlies, 2006, *The International Criminal Court, A Global Civil Society Achievement*, Routledge.

Holmes, John T., 2002, 'Complementarity: National Courts versus the ICC,' in Cassese, Gaeta and Jones, eds., pp. 667–686.

International Justice Tribune Series, 2007, *ICC in 2006:*

Year One — Legal and political issues surrounding the International Criminal Court, Justice Memo.

Jorda, Claude and de Hamptinne, Jérôme, 2002, 'The Status and Role of the Victim,' in Cassese, Gaeta and Jones, eds., pp. 1387–1419.

Pace, William R. and Schense, Jennifer, 2002, 'The Role of Non-Governmental Organizations,' in Cassese, Gaeta and Jones, eds., pp.105–143.

Romano, Cesare P. R., Nollkaemper, André and Keffner, Jann K., eds., 2004, *Internationalized Criminal Courts: Sierra Leone, East Timor, Kosovo, and Cambodia*, Oxford University Press.

Sadat, Leila Nadya, 2002, *The International Criminal Court and the Transformation of International Law: Justice for the New Millennium*, Transnational Publishers.

Schabas, William A., 2004, *An Introduction to the International Criminal Court,* 2nd. edn., Cambridge University Press.

Terracino, Julio Bacio, 2007, 'National Implementation of ICC Crimes: Impact on National Jurisdictions and the ICC,' *Journal of International Criminal Justice*, Vol. 5, No. 2.

Triffterer, Otto, ed., 1999, *Commentary on the Rome Statute of the International Criminal Court, Observers' Notes, Article by Article*, Nomos Verlagsgesellschaft.

引用判例

A：ルバンガ事件（コンゴ民主共和国）、二〇〇六年一月一七日決定、Case No. ICC-01/04

B：ルバンガ事件（コンゴ民主共和国）、二〇〇六年一月二九日決定、Case No. ICC-01/04-01/06

C：ルバンガ事件（コンゴ民主共和国）、二〇〇六年二月一〇日決定、Case No. ICC-01/04-01/06

D：ハルーン事件（スーダン）、二〇〇七年四月二七日決定、Case No. ICC-02/05-01/07

E：コーニー事件（ウガンダ）、二〇〇七年八月一〇日決定、Case No. ICC-02/04-01/05

第四章　国境を越える感染症対策

元田　結花

1　はじめに――グローバルかつ身近な脅威としての感染症

二〇〇三年三月一二日、世界保健機関（ＷＨＯ）は創設以来初めて「グローバル・アラート（世界への警告）」を出し、ヴェトナム、香港、中国で重度の新型肺炎が集団発生していることを世界に伝え、未知のウイルスの出現に警鐘を鳴らした。その後、カナダほか複数の国からも新型肺炎の症例が立て続けにＷＨＯに報告された。空路でのヒトの移動が増大しているなかで、感染が国境を越えて急速に広がっていることが明らかになり、いっそうの警戒を強めたＷＨＯは、航空機で移動する旅行者に対して、新型肺炎の症状が疑われる場合には移動の自粛を求めるという、二つめの異例のグローバル・アラートを三月一五日に出した。この勧告のなかで重症急性呼吸器症候群（ＳＡＲＳ）と呼ばれた新型肺炎は、今世紀最初の感染爆発（アウトブレイク）をもたらす新興感染症となった。

このような、グローバルなものであると同時に、身近な脅威として個々人に迫り来る感染症に関して、その予防策や、感染者が出た場合に世界的な流行（パンデミック）を阻止する対策、パンデミックに陥った場合の対策をとることは、一国の中央政府の手に余る。世界全体、あるいは各地域内で活動する組織やネットワークによる対応も重要である。私たちに直接降りかかるものであるため、日常生活で接点のあるアクター――自治体、病院、学校、企業、町内会など多岐にわたる――が果たす役割も大きい。個人の行動の自由を制限する作用や、誰にどのような治療を施すのかを定める作用（ひいては人の生死を左右する作用）のように、感染症対策には強権的な側面があることにも注意したい。ヒトの移動や、ヒト以外の感染源の移動が制限された場合、それは観光や通商など、経済的な交流の制限も意味する。対策には医療薬が必要である以上、製薬会社という巨大な経済的アクターの動向も考慮しなくてはならない。そして、ある対策を実際に計画・立案・実施するために求められる能力や資源を考えると、先進国と途上国のあいだの格差に目を向けなくてはならなくなる。

そこで本章では、新興感染症のうち、ＳＡＲＳとＨＩＶ（ヒト免疫不全ウイルス）／ＡＩＤＳ（後天性免疫不全症候群）に焦点を当てて、右の各点――アクターの分散、権力の作用、医療・公衆衛生以外の分野との関係、南北格差など――に注意する形で、対策のあり方を見ていくことにする。

2　新興・再興感染症の問題

感染症は「終わった問題」か

第二次世界大戦後、感染症に関する研究の進展や技術開発、そして公衆衛生・医療保健体制の整備に支えられて、感染症対策は飛躍的に効果を上げてきた。一九七九年にWHOが根絶を宣言した天然痘をめぐる対策は、感染症に対する人類の歴史的な勝利とされている。したがって、「感染症の問題は終わった」とする考えが、一九七〇年代以降、特に先進国で顕著になった。

しかしながら、先進国においても近年は、制圧したと考えられていた感染症が再興する一方で（たとえば、日本では結核やコレラのケースが該当する）、HIV／AIDSや、牛海綿状脳症（BSE）、SARS、鳥インフルエンザなど、新興感染症の頻繁な襲来を経験している。世界人口の八〇パーセントを占める途上国に目を向けると、先に挙げた天然痘のほか、ポリオ対策など成果が上がっている分野はあるものの、感染症は「終わった問題」にはほど遠い。たとえば、途上国の全死亡人口の約半分は感染症によるものであり、特に、急性気道感染症（ARI）、各種の下痢、AIDS、結核、マラリア、麻疹への対策が急務となる。近年は、これらに加えて、SARSや鳥インフルエンザといった、新たな脅威に対処することが求められている。

感染症復活の要因

感染症が近年勢いを増している要因として指摘されているものには、第一に、地球規模の環境の変化と森林その他の資源搾取がある。地球温暖化によって生態系が変容し、新たな病原体が発生することが危惧されるとともに、森林伐採や食糧その他の資源採集によって人間が自然のなかに入り込み、従来は隔離されていた病原体と接触する機会が増えているのである。たとえば、ＳＡＲＳや鳥インフルエンザが発生した際に注目の的となった中国広東省には、多種多様な動植物が取り引きされている「生鮮市場」があり、ヒトが動物（家畜・家禽のみならず、希少な野生動物も含む）と接する頻度が高いことで有名である。中国の経済発展を背景に、動物の取引は増加しており、広東省は新ウイルスが多発する可能性の高い地域として、監視が強められている。

第二に、国際・国内両面における交通網の整備・伸張と、通商規模の拡大によって、ヒトとモノの移動が増大していることが挙げられる。航空機によって世界各地に感染が広がったＳＡＲＳは、その最たる例であろう。ＨＩＶ／ＡＩＤＳも、たとえば移民や出稼ぎ労働者に見られるように、交通網の発展と軌を一にして、ヒトの動きが国境内部および国境を越えて増えたことが、感染の拡大につながっている。また、日本の薬害エイズ事件のように、ＨＩＶに汚染された血液凝固因子製剤の輸入、すなわちモノの移動を通じて感染が拡大した例もある。

第三に、都市化の急速な進展が挙げられる。不特定多数の人間が集まり、行き交う都市では、感染は爆発的に広がりやすい。また、都市化の進展に伴うスラムの膨張にも目を向ける必要がある。スラムは感染症が蔓延しやすい条件——不十分な医療保健体制、劣悪な衛生環境、過密した生活空間、貧困など

——を備えており、途上国における公衆衛生・保健対策の鍵を握っている。

第四に、公衆衛生の機能が低下しているという問題がある。たとえば、日本では、保健師による家庭訪問という、保健所を単位とした公衆衛生制度が、都市化の進展や、社会生活の多様化に適応できなくなっている。途上国では、一九八〇年代以降、世界銀行・国際通貨基金（ＩＭＦ）の主導の下に導入された構造調整プログラムによって社会セクターへの予算が削減されたため、医療保健制度が大きな打撃を受けており、その後遺症は現在も続いている。

最後に、医原性の問題がある。薬剤に耐性を持つ微生物や寄生虫が出現し、従来の治療方法が効かなくなるのである。たとえば、ＨＩＶは進化がきわめて速く、適切に薬が処方されなかったり、患者が薬の服用を怠ったりすると、ウイルスは直ちに耐性を獲得し、治療薬が効かなくなる。

これら複数の要因が組み合わさり、「感染症復活の時代」を迎えた今日、改めてどのような対策をとるべきかが問われているのである（竹内・中谷二〇〇四）。

3　ＳＡＲＳ

国家のコントロールを迂回する情報ネットワークの展開

新興感染症に取り組むには、病原体を同定し、診断法や、治療法、予防法を開発するために、何よりも事実を知らねばならない。ＳＡＲＳの場合、震源地である中国との関係で、事実を「知る」ことが非常に困難であった。専門家のあいだでは、二〇〇二年一一月には広東省で人々のあいだにSARSウイルスが広まり始めたと考えられている。一方、同省の保健当局と北京の保健省は、二〇〇三年一月末の段階で、非定型性の肺炎の集団発生を把握したものの、一切の情報を極秘扱いとして、公開を禁じた。中国がこのような姿勢をとったのは、SARS感染が明らかになることによって生じる経済的な損失と、公衆衛生分野における共産党体制に対する信頼の動揺を恐れたためとされる（Filder 2004）。

当時の国際保健規則の下では、未知のウイルスによる新興感染症に関するWHOへの報告義務は規定されていなかった。したがって、疫学的な情報を外部に出すまいとする中国政府を前に、WHOは身動きがとれなくなってしまう。この状態を打開したのが、情報通信技術の発展に後押しされた形でのネットワークの展開である。世界規模で感染爆発が生じた場合に備えて、WHOが立ち上げた専門機関のネットワークである地球規模感染症に対する警戒と対応（GOARN）や、感染症などに関する世界規模での情報交換を行う国際感染症協会のメーリングリスト（ProMED-Mail）、そしてスタッフ個々人のネットワークなどを通じて、中国政府を経由せずに入手した「謎の肺炎」に関する情報をもとに、WHOは中国に対して正確な情報を提供するように圧力をかけていった。この結果、中国は二月の半ばにSARSの集団発生を認めたものの、その規模を過小に報告し、流行に関する詳しい情報も提示しなかった。しかし、広範なネットワークを通じ蓄積・共有される情報の流れはコントロールできるものではなく、中国の公式見解に対する信憑性も揺らぐ一方となる。四月一八日についに、中国政府は組織的な情報の隠蔽をやめ、WHOを中心とする対策に歩調を合わせ始めた（Filder 2004, ch. 5）。

WHOのプレゼンスの増大

WHOは、SARS対策をめぐるネットワークの要としてプレゼンスを増大させ、具体的な対策に関する知識と情報を生み出すとともに、世界規模で普及させていった。なかでも、ヴェトナム・ハノイのWHO事務所のカルロ・ウルバニ医師から伝えられた情報が果たした役割は大きい。三月上旬に、WHOが中国側から正確な情報を得られずにいるなかにあって、ハノイ・フレンチ病院において集団発生した非定型肺炎に立ち向かっていた同医師は、ウイルスの正体を探る情報を世界各国の研究者にメールで送り続けた。この情報が、国際的なSARS対策の分水嶺となった二つのグローバル・アラートに結びついた。すなわち、新型肺炎の症状を伝える最初の警告によって、世界各国は新たな感染症が世界的脅威になる危険性に気づき、新型肺炎の発症例の報告がWHOに入るようになった。また、検疫や隔離といった具体的な対策をとるには、患者が新型肺炎かどうかを見分ける必要がある。ウルバニ医師からの情報に基づいて、新型肺炎の診断基準が策定され、国際間の人の流れを制限する第二の警告に盛り込まれた(NHK報道局「カルロ・ウルバニ」取材班二〇〇四)。

情報の収集と分析を通じた感染症の発生動向の把握(サーベイランス)は、いかなる感染症対策においても不可欠である。SARSの場合、GOARNを通じて、どこでどれだけの症例が発生しているのか、どのような国際的な感染パターンが認められるのかといった点に関する最新の情報が収集・分析され、その結果は誰もがアクセスできるWHOのウェブサイトに掲載された。また、サーベイランス体制の整備に対応する形で、ＷＨＯは世界各地の臨床医を結ぶネットワークを立ち上げた。ＳＡＲＳ患者に対する治療方法についての情報を共有し、他の事例から学ぶことによって最善の治療方法の確立を目指したのである。診断方法や薬物治療のあり方も確立しておらず、ワクチンもない状態では、このような臨床情報はきわめて重要であった（Filder 2004, ch. 5, 6）。

ＷＨＯはさらに、ＳＡＲＳの病原体の同定と診断方法の確立を目的として、九カ国、一一研究施設で構成される共同研究ネットワークを立ち上げた。結果を隠蔽せず、業績をめぐる競争を排除することが各施設の研究者のあいだで合意され、過去に例のない協力体制の下で、一カ月という短期間のうちに新種のコロナウイルスを発見し、ＳＡＲＳの病原体が同定された。その過程では、専用ウェブサイトや、電話討論会といった高速通信技術が活用された。また、このネットワークを通じて得られた情報は、診断技術やワクチンを開発するために、世界各地の専門家にも提供されることになった（岡田・田代二〇〇三、一六九－一七〇頁、Filder 2004, pp. 146–147）。

ＳＡＲＳ対策の最前線

診断方法・抗生ウイルス療法が未確立で、ワクチン開発もこれからという状況下では、ＳＡＲＳ対策の最前線においてとりうるのは、サーベイランスを通じた情報収集と、隔離・検疫という、ワクチンと抗生物質が導入される以前の、きわめて「一九世紀的な手段」（第八章参照）しかなかった。

サーベイランスの要であったＷＨＯは、現場での感染症対策についても、受け入れ国の同意を得た上で、アウトブレイク対策の専門家を派遣した。たとえば、病院スタッフ間の感染が拡大していたハノイ・フレンチ病院では、三月一一日に、ウルバニ医師の尽力によって、WHOの協力の下に、病院の機能をすべて停止し、病院を丸ごと隔離する対策がとられることになった。感染したスタッフのみならず、看護に当たる医師・看護師も病院にとどめられ、外部との接触を完全に遮断したことが、早期封じ込めにつながったとされる（NHK報道局「カルロ・ウルバニ」取材班二〇〇四）。

香港、シンガポール、中国、カナダ、台湾では、院内感染の制圧に失敗し、市中感染が引き起こされた。香港では当初、SARSに対する恐怖が蔓延して社会全体がパニック状態に陥った。しかし、さまざまな市民のあいだでネットワークが構築され、SARS被害に対するチャリティー活動やコミュニティレベルの清掃キャンペーンなどをはじめとして、自発的な活動が、時に政府や企業と協力する形で幅広く展開された（Loh and Welker 2004）。

市中感染に拡大すると、SARS患者が発生した場合、当該患者を専門病院に収容・隔離するとともに、その居住地域周辺の住民を隔離しなければならない。しかし、隔離は人々の行動の自由を奪うため、抵抗も予想される。北京では、末端レベルのコミュニティを支える「居民委員会」と、地元に密着した警察官である「民警」が、隔離対象住民を説得し、隔離後の生活支援や精神面でのフォローアップ、隔離エリアの警備に努めるなど、隔離対策の中核を担った（麻生二〇〇四）。

北京市当局はさらに、映画館、カラオケルーム、インターネット・カフェなど、不特定多数の人間が集まる場所を閉鎖した。学校も閉鎖され、学生に対してはオンライン学習サービスが提供された。また、各省間での感染拡大を阻止すべく、船舶、バス、電車、飛行機の利用者の体温もチェックされた（WHO 2006, ch. 5）。農村レベルでも、SARS患者用隔離病棟を用意するとともに、感染地域から戻ってきた出稼ぎ労働者を自宅に一二日間隔離し、毎日検温した（Kaufman 2006）。

国境を越えた感染者の流出入に対しては、たとえばシンガポールでのチャンギ国際空港のように、旅行者に出入国時に赤外線体温測定システムを通過させる方策がとられた（WHO 2006, ch. 8）。

感染が発生していない国々も、SARSの発生を予防する措置をとった。序論でも触れたが、日本では、航空機内で質問票を配布して乗客に健康状態の報告を求め、国際空港にて入国時に赤外線による体温測定を実施し、検疫体制を整えた。感染地域に学生や職員が滞在している大学や企業も、帰国者の隔離を含めて、感染の拡大阻止に努めた（大学の例として、岡田・田代二〇〇三、一八九―一九一頁）。

SARS対策の原動力

各国が人の移動をチェックし、SARS感染の拡大を阻止した際に、重要な役割を果たしたのが、逐次出されたWHOの「渡航延期勧告」である。WHOは、過去の慣行とは一線を画して、感染国政府の同意を得ない形で、緊急の用事がない限り感染地に行かないように世界の人々に向けて勧告を出した。世界各国は自発的に自国民にも同様の勧告を行い、前に見たような検疫体制をとった。人々が実際に感染地域への渡航を控えた結果、運輸・交通・観光・通商などの各方面で甚大な経済的ダメージがもたらされたことを考えると、この勧告の影響の大きさがわかる（Filder 2004）。

かくも増大したWHOの権威と発言力を支えたのが、SARS対策に関する情報を収集・分析し、その結果を専門知識として広めた、GOARNを中心とする世界的なネットワークの活動である。

また、中国との関係で見たように、感染国にはWHOに正確な情報を報告する圧力がかかった。これは、サーベイランスの精度を高め、迅速な対策をとるためであり、情報を隠蔽する中国の姿勢は、他の国々からも批判された。中国が最終的にWHOの圧力に屈したことは、一国の経済や統治体制よりも、グローバルなSARS対策のほうを優先せざるを得なくなったことを示している。他方で、国内でも感染拡大の情報が（政府の情報統制にもかかわらず）広まり、政府の姿勢や不十分な対策について国民のあいだに不信感・不満が高まるとともに、感染拡大が社会に与える打撃について政府が理解するようになったことも、政府の方針転換をもたらす要因となった（Eckholm 2006）。

現場で誰をどのように扱うのかについては、既述のとおり、WHOが提供する情報を中心として、病院や、中央政府、自治体を含むさまざまなアクターによって、患者や住民に作用が及んだ。院内感染対策・市中感染対策ともに、隔離や検疫というヒトの移動の自由を制約する手段しかなかったわけであるが、これは個人の人権の侵害を意味する。また、感染拡大を防ぐには、患者との接触者を徹底的に追跡する必要も出てくるが、その際には、患者の行動などに関する情報の公開も求められるため、プライバシーの保護との緊張関係も生じることになる（岡田・田代二〇〇三、一六四―一六六頁）。

4 HIV／AIDS

未曾有の大惨事

SARSが封じ込めに成功した新興感染症であるのに対して、HIV／AIDSは、パンデミック（世界的な流行）と化した新興感染症である。二〇〇六年における世界のHIV感染者・AIDS患者（「HIV／AIDSとともに生きる人々（PLWHA）」）の数は、四〇〇〇万人近い（UNAIDS 2006）。近年は、毎年四〇〇〜五〇〇万人が新たにHIVに感染する一方で、約三〇〇万人が死亡し、この数は全世界の死者の五パーセント近くを占める（二〇〇二年推計値、WHO 2004）。最初のAIDS患者が認知されて以来、二〇〇六年一月の時点での累計死者数は二五〇〇万人を超えているとされ、四半世紀のうちにこれだけ感染者数および死者数が拡大したことから、有史以来の未曾有の大惨事であるといわれている。

AIDSは、米国にて同性間の性交渉を行う男性のあいだで見つかったため（一九八一年）、当初は同性愛者の男性に特有の病気とされ、米国や西欧の状況に関心が向けられた。しかし、途上国での異性間の性交渉による感染拡大が顕著になり、一九八〇年代半ばには、対策の焦点は途上国に移った。

途上国の感染規模が圧倒的に大きいという現象は、現在に至るまで一貫した傾向である。サブサハラ・アフリカ地域がHIV／AIDSの影響を最も被っており、感染率が人口の三〇〜四〇パーセントにものぼる国も多く、全世界のPLWHAの約三分の二がこの地域に集中している。さらに近年は、感染爆発が懸念されるインドと中国を擁するアジアの動向にも注目が集まっている（UNAIDS 2006）。

治療薬の開発が進んだ結果、（治療費の負担に耐えうる）先進国では、ＡＩＤＳは「死の病気」ではなく「生涯つきあう病気」になっている。これに対して、治療薬の値段は下がってきているものの、途上国の現状では、ＨＩＶ感染者の大部分は治療薬の投与を受けられないまま、一〇〜一五年の潜伏期間を経てＡＩＤＳを発症した後に死亡すると思われ、南北の格差が認められる。途上国における主要感染経路は、異性間の性交渉であるため、ＰＬＷＨＡは性的に活動的な年代、つまり生産性の高い年代の人口（生産年齢人口）に集中している。今後、生産年齢人口が減少し続けることは明らかであり、途上国が被る影響は、社会・経済・政治全般に及ぶ大規模なものであるとされる。

感染の拡大要因

なぜ途上国全体で感染が拡大しているのかについては、貧困とＨＩＶ／ＡＩＤＳの関係を理解する必要がある（Barnett and Whiteside 2002）。たとえば、貧困のために栄養不良だったり、慢性的に寄生虫に感染していたりすると、免疫システムが機能不全を起こしやすく、ＨＩＶに感染しやすくなる。加えて、保健衛生設備の不備、社会セクターの予算不足といった、途上国の多くが直面する問題によって、サーベイランスをはじめとする体制整備が遅れ、感染の拡大が助長される。

不安定な生計を維持するために、「自分の身体」を文字通り「売る」――職や地位、食糧や現金、生活必需品を確保するために日常的に行われる――しかない貧困層も多く、不特定多数の相手と性交渉を持った結果、ＨＩＶに感染しやすくなる。また、タイ農村部の貧困家庭の子女が収入の機会を求めて都市で性産業に従事する、南アフリカの鉱山で、各地の貧困家庭の成人男子が出稼ぎの形で働き、性産業を数少ない娯楽として利用する（性産業に従事する女性も貧困ゆえに、各地から集まっている）、といったように、ヒトの移動と貧困が密接に関連しながら、HIV感染を拡大させている。

ジェンダーの観点を導入すると、女性のほうが感染しやすいことが明らかになる。そもそも生物学的に見て、女性（特に若い女性）のほうが性交渉の際、ウイルスに感染しやすい身体の構造となっている。社会的・経済的に見ると、女性が従属的地位に置かれ、前に見たような「身体」を「売る」危険な生存戦略をとらざるを得ない状況が遍在している。文化的にも、性行為に関する主導権も認められず、コンドームの装着など、性交渉において自己の安全を確保する行動が許されない場合が多い。

HIV／AIDSの拡大が貧困を誘発・助長し、さらなるHIV感染の増大を招くことも指摘されている。たとえば、生産年齢にある家族がAIDSを発症すれば、治療や介護の負担が増大する一方で、働き手の喪失によって収入が減少する。これに、親戚の治療・介護や、孤児となった親戚の子どもの面倒などの負担も加われば、ますます貧困化が進んでしまう。HIV／AIDSにまつわる偏見・差別から、PLWHAが所属する共同体から疎外され、生活基盤を失ったり、治療や介護・保護を受けられなくなったりすることもある。AIDS孤児も、HIV／AIDSが社会的紐帯を解体させて、社会的弱者を生み出すという悪循環の被害者である。孤児の生計手段は限られており、女性の場合と同様に、暴力や搾取の対象となって、HIV感染の危険にさらされてしまう。

生産年齢人口の減少は、労働力の減少を意味し、マクロ経済のパフォーマンスが落ち込むと考えられている。行政分野でも人的資源が失われる結果、教育や保健、警察など、社会の機能維持に不可欠なサービスが提供できるのかが懸念される。経済縮小に伴う歳入の減少や、HIV／AIDS対策費の膨張が続くならば、もともと問題の多い公共サービスが、いっそうの機能不全に陥るだろう。かくして、社会全体の貧困の拡大と感染の拡大が加速していくことになる。

HIV／AIDS対策をめぐる国際的なアクター

したがって、HIV／AIDS対策では、医療的な側面に限定することなく、貧困やそれをもたらす社会・経済・政治および文化的側面にも配慮しながら、長期的に取り組む必要がある。また、その担い手も、単に政府の保健担当省庁にとどまらず、社会全体で取り組むことが求められる。多くの途上国にとって自力で対策をとるには困難も多く（具体例は後述する）、国際的なアクターによる外部からの関与が期待される。しかし、感染に苦しむ国に向けて外部のアクターが何らかの対策をとるのか、とるとしたらどのような内容にするのかは、あくまで当該アクターの判断による。

途上国におけるAIDS対策の先陣を切ったWHOは、病院での活動を中心として、高度な技術を用いて、個人単位での治療を施す一方で、個人を、社会的・経済的・政治的文脈から切り離し、医学的な介入対象とする生物学的アプローチを採用した。これは、貧困を中核とした感染を拡大させる各種要因への配慮を欠いており、十分な成果は上がらなかった。構造調整プログラムによって各国の医療保健体制が打撃を受けていたことも、行き詰まりに拍車をかけた（O'Manique 2004）。

そこで、一九九四年に国連エイズ合同計画（ＵＮＡＩＤＳ）が設立され、医療保健以外の各側面に配慮し、多様なアクターを取り込むアプローチへの転換が目指された。ＵＮＡＩＤＳにはＷＨＯをはじめ合計一〇の国際機関が参画しており、途上国のＨＩＶ／ＡＩＤＳ対策の支援や、国連諸機関によるＨＩＶ／ＡＩＤＳ対策の強化と調整などを目指している。

二〇〇二年には、圧倒的な対策資金不足に対応するために、世界エイズ・結核・マラリア対策基金（ＧＦＡＴＭ）が設立された。ＧＦＡＴＭは、各国の政府や民間団体、個人などから資金を調達する一方で、ＷＨＯ・世界銀行とともに、資金供与対象国に国家エイズ委員会を設立し、これを通じて、医療保健ほか各種セクターをまたぐ形で、多様なアクターを動員しながら対策を進めている。

ＡＩＤＳの病原体の同定は、研究者のあいだで激しく争われ、二年の月日を要した。莫大な利益が見込める治療薬・ワクチンの開発・製造は、もっぱら先進国の多国籍製薬会社やバイオテクノロジー会社が担っている。各社が想定するのは先進国市場であるため、価格が高く設定され、途上国の人々の手には届かないことが問題となった。現在は、国際世論の圧力もあり（背後には、南北のＮＧＯ〔非政府組織〕を含む広範なアクターの活動がある）、製薬会社もウイルスの増殖を抑える抗レトロウイルス薬（ＡＲＶ）の値段を引き下げる一方、新薬の値段を引き上げている特許に関して、国際法の規定を緩和する動きが見られる（国際的な担い手の活動については、河野二〇〇五、三浦二〇〇六も参照）。

しかし、ＵＮＡＩＤＳがどれだけ従来のアプローチから転換できているのかという疑問の声があり（Barnett and Whiteside 2002, p. 73）、ＧＦＡＴＭも、国家エイズ委員会というモデルが一人歩きし、各国の現状を理解できていないことが指摘される（Putzel 2004）。ＧＦＡＴＭへの財政支援規模も常に期待額に及ばず、支持基盤の脆弱さや、長期的な見通しの不鮮明さは否めない（Filder 2004）。

治療薬にしても、提供すべき人数を鑑みると、いっそうの価格低下を求める声が大きい。従来の予防・啓発、ケア・サポート、自発的カウンセリング・検査（ＶＣＴ）に、抗レトロウイルス薬療法（ＡＲＴ）を含む「治療」も加えた、より包括的なエイズ政策が志向されるようになり、二〇〇三年には、ＷＨＯが二〇〇五年までに三〇〇万人へＡＲＴを提供する「３×５（スリー・バイ・ファイブ）」イニシアティブに着手した。しかし、二〇〇五年六月の時点で、ＡＲＶへのアクセスがある途上国人口は一〇〇万人とされ、ＷＨＯは同年一一月に、目標未達成を謝罪する結果となった。

先進諸国も、独自のプログラムを展開している。たとえば、米国は二〇〇三年に大統領エイズ救済緊急計画（ＰＥＰＦＥＲ）を発表し、二〇〇八年までの五年間で、一五〇億ドルものエイズ対策資金を供与することを約束した。しかしながら、巨額な資金を期限内に消化しようとするあまり、個別プログラムの検討、対象国政府との調整、地元のＮＧＯとの連携などの点において、不十分なままに進められているとの指摘がある（Patterson 2006, ch. 5）。

国家と社会の役割

前に見たような各援助供与主体（ドナー）やプロジェクト担当者は、あるＨＩＶ／ＡＩＤＳ対策を援助する際、個別予算の費用対効果を上げるためとして、治療の必要性に同意しながらも、結果的に予防対策に資金の大部分を割く傾向にある。しかし、①複数の治療薬を用いる高活性ARV療法（HAART）によって、感染者のウイルス活動が低下し、新規感染が防げる、②治療が確約されていることでVCTを受ける人が増加し、感染予防に寄与する、などの効果も指摘されており、対象国全体でどうHIV／AIDS対策に資源を割くのかを、より広範かつ長期的な視点から議論する必要がある（Nattrass 2004）。

当然、途上国政府が果たす役割は大きく、たとえばブラジルでは、カルドーゾ大統領時代の一九九六年以来、公共医療システムの整備と並行する形で、対象を限定することなく、無料でARVを提供している。その結果、死亡率・疾病率がともに低下し、入院率および入院患者数も減少するとともに、AIDS患者の日和見感染症（免疫が低下しているために、健康であれば病気を起こさないような弱い病原体によってかかる感染症）治療のための診療コストも減少し、長期的に見ると、HAARTに直接かかるコストよりも財政的メリットのほうが大きいことも示唆されている。ブラジルではHIV／AIDS対策は人権を保障するものとして捉えられており、NGOほかの市民社会団体や、各コミュニティ、HIV陽性者ネットワーク、医療専門家集団など、国家以外のアクターの役割も大きい。背景にはポスト・軍事政権時代の民主主義の進展があり、各アクターは正当な政治主体として、政府とともに対策内容を議論し、その執行過程を支えている（Teixeira, *et al.* 2003, 小貫 二〇〇五）。

ブラジルが、比較的財政に余力のある中所得国政府による望ましいHIV／AIDS対策の例であるとされるのに対して、ウガンダは、最貧国であっても、政府による効果的な対策が可能であることを示す例とされる。一九八六年にムセベニ大統領は、HIV／AIDSの蔓延が国の安全保障に関わる緊急事態であると世界に公言し、予防教育キャンペーンや、サーベイランス体制の確立などの重要な政策を全国規模で展開した。やがて具体的な対策の担い手は、ＮＧＯやコミュニティ、教会などの各種団体や、個々人に移り、政府の役割は、現地に根差した多種多様な対策を支援し、調整することにかわった(Parkhurst 2005)。一九九〇年代を通じて成人のＨＩＶ感染率がおよそ一五パーセントから七パーセントにまで低下し、社会の活力を動員した対策はモデルケースとして称揚されることになる。

ただし、ウガンダはムセベニ大統領の権力・権威を前提とした政治体制であるため、各アクターの対策は大統領以下の政府の意向に左右される。たとえば近年は、予防・啓発活動の要であったＡＢＣ政策(禁欲 Abstinence、貞操 Be Faithful、コンドーム使用 use Condoms)から、Ｃを除外してＡ・Ｂのみを重視する政策への転換が見られる。貧困が蔓延し、女性の社会的な立場が弱いウガンダにおいて、コンドームの利用制限は、特に女性が感染する危険性を高めるため、人権侵害であるとの批判もある(Schoepf 2003)。行政機構の汚職も問題であり、ＧＦＡＴＭからの拠出金が不正に使用されたとして、資金援助の凍結を招いたこともある。

また、援助に依存しているウガンダでは、ドナーの発言力が大きい。たとえば、厳格な予算管理と緊縮財政を志向する世界銀行・ＩＭＦによって、ＧＦＡＴＭからの資金をＨＩＶ／ＡＩＤＳ対策に充当できなくなったことがある。ドナーの意向に左右されるのは、現場の活動を支えるＮＧＯなどの各種団体でも同様であり、持続的なＨＩＶ／ＡＩＤＳ対策が行えなくなる危険性が常にある(コンドームの利用制限は、最大のドナーである米国の意向を反映しているとの見解もある)。ウガンダはドナーと協調しつつ、対策を主体的に進めているとされるが、誰にどのような医療サービスを提供すべきなのかという決定は、ドナーの影響を受けているのである（O'Manique 2004）。

5 おわりに――二つのグローバル・ガバナンスのあり方

以上、SARSとHIV／AIDSをめぐるグローバルな感染症対策、すなわちグローバル・ガバナンスを概観してきたが、両者とも、国境を越えた対応が見られ、そこでは国際機関が重要な活動を展開している。狭く医療保健分野のみの問題として捉えるのではなく、複数の要因を考慮した対策が求められる点も共通している。国際レベルから現地レベルまで多元的なアクターが関わり合い、最終的には個人にまで対策が向けられており、誰にどのような治療を施すのかを定めたり（SARS・HIV／AIDS共通）、人権を制約・侵害したり（SARS対策での隔離・検疫対策、HIV／AIDS対策でのコンドームの利用制限）、逆に人権保障を強化したりするなど（HIV／AIDS対策でのARVの提供）、グローバル・ガバナンスの権力作用は多様な形態をとる。

その一方で、両者の違いも大きい。SARSの場合、WHOが提供する専門知識・情報に権威が集中し、それに沿う形で、各国の中央政府や自治体、病院を含む各アクターが封じ込め対策を展開した。取りうる手段がサーベイランス・隔離・検疫であるという点では同意があり、見解の対立は、これらの手段をとらなければならないほどに深刻な感染症なのかという点にあった。問題の深刻さが認められれば、緊急に対処する必要性から隔離・検疫といった強権的な対応が許容され、住民側からも、それに呼応した協力的な動きが見られた。同時に、世界規模での情報収集を可能とする通信技術の発展や強権的な政策を採用・実施できるような感染国の能力と資源も、封じ込めをもたらした要因であろう。なお、二〇〇五年に承認された新しい国際保健規則では、ＳＡＲＳもＷＨＯに報告する義務のある疾病に含められるようになり、一連の取り組みを経てＳＡＲＳをめぐる国際的な規範の変更がもたらされた。

ＨＩＶ／ＡＩＤＳの場合、パンデミックと化しており、貧困問題との関係を考慮すると、長期的な対策が必要になると考えられる。しかし、国際的な対策に向けた財源不足は解消されず、その担い手が各地の実情にあわせた対策（社会・経済・政治および文化的要因の考慮と、多様なアクターの動員など）を行う能力があるのかも疑問視されている。国際的な対策の担い手に執行能力があるのかという問題はさらに、ＰＥＰＦＥＲのように、多大な資金を一挙に投入する場合でも生じる。予防と治療のバランスをどうするのか、コンドームの使用を認めるのかなど、対策の内容についても見解が分かれ、時に価値判断を含んだ論争を引き起こす。感染が拡大している国の政府の果たす役割は大きいが、政府が機能するためには、財源のみならず対策に向けた政治的意思と行政能力、広く社会の側からの参加・協力を可能とする政治体制も必要である。これが、貧しい国にとっていかに困難なものであるかは、「成功例」とされるウガンダが抱える問題が端的に示している。外部からの関与は、これらの問題に対処するものと期待されるが、関与するのかどうかは各アクターが判断するものであり、実際に関与したとしても、時に対象国政府の主体性を損なうこともあるなど、そのあり方は批判的な検証が必要となる。

参考文献

NHK報道局「カルロ・ウルバニ」取材班（二〇〇四）、『世界を救った医師―SARSと闘い死んだカルロ・ウルバニの27日』NHK出版。

麻生幾（二〇〇四）、『38℃―北京SARS医療チーム「生と死」の100日』新潮社。

岡田晴恵・田代眞人（二〇〇三）、『感染症とたたかう―インフルエンザとSARS』岩波書店。

小貫大輔（二〇〇五）、「グローバル化とエイズ―ブラジルで生まれた政府と市民社会の協力の経験」『公衆衛生』第六九巻第七号、五九一―六二頁。

河野健一郎（二〇〇五）、「エイズ政策のグローバルトレンド」、牧野久美子・稲場雅紀編『エイズ政策の転換とアフリカ諸国の現状―包括的アプローチに向けて』アジ研トピックレポート五二号、一―三九頁。

竹内勤・中谷比呂樹編（二〇〇四）、『グローバル化時代の感染症』慶応義塾大学出版会。

三浦聡（二〇〇六）、「健康の安全保障―HIV／エイズのグローバル・ガバナンス」、アジ研ワールド・トレンド一二四号、一二―一五頁。

Barnett, Tony and Whiteside, Alan, 2002, *AIDS in the Twenty-First Century: Disease and Globalization*, Palgrave Macmillan.

Eckholm, Erik, 2006, 'SARS in Beijing: the Unraveling of a Cover-up,' in Kleinman and Watson, eds., 2006, pp. 122–130.

Filder, David, 2004, *SARS, Governance and the Globalization of Disease*, Palgrave Macmillan.

Kaufman, Joan, 2006, 'SARS and China's Health-Care Response: Better to Be Both Red and Expert!' in Kleinman and Watson, eds., 2006, pp. 53–68.

Kleinman, Arthur and Watson, James, eds., 2006, *SARS in China: Prelude to Pandemic?*, Stanford University Press.

Loh, Christine and Welker, Jennifer, 2004, 'SARS and the Hong Kong Community,' in Christine Loh and Civic Exchange, eds., *At the Epicentre: Hong Kong and the SARS Outbreak*, Hong Kong University Press, pp. 215–234.

Nattrass, Nicoli, 2004, *The Moral Economy of AIDS in South Africa*, Cambridge University Press.

O'Manique, Colleen, 2004, *Neoliberalism and AIDS Crisis in Sub-Saharan Africa: Globalization's Pandemic*, Palgrave Macmillan.

Parkhurst, Justin, 2005, 'The Response to HIV/AIDS and the Construction of National Legitimacy: Lessons from Uganda,' *Development and Change*, Vol. 36, No. 3, pp. 571–590.

Patterson, Amy, 2006, *The Politics of AIDS in Africa*, Lynne Rienner Publishers.

Putzel, James, 2004, 'The Global Fight against AIDS: How Adequate Are the National Commissions?' *Journal of*

International Development, Vol. 16, pp. 1129–1140.
Schoepf, Brooke, 2003, 'Uganda: Lessons for AIDS Control in Africa,' *Review of African Political Economy*, No. 98, pp. 553–572.
Teixeira, Paulo, Vitória, Marco and Barcarolo, Jhoney, 2003, 'The Brazilian Experience in Providing Universal Access to Antiretroviral Therapy,' in Jean-Paul Moatti, Benjamin Coriat, Yves Souteyrand, Tony Barnett, Jérôme Dumoulin and Yves-Antoine Flori, eds., *Economics of AIDS and Access to HIV/AIDS Care in Developing Countries: Issues and Challenges*, ANRS, pp. 69–88.
UNAIDS, 2006, *AIDS Epidemic Update: December 2006*, UNAIDS/WHO.
WHO, 2004, *The World Health Report 2004: Changing History*, WHO.
WHO, 2006, *SARS: How A Global Epidemic Was Stopped*, WHO.

*ＨＩＶ／ＡＩＤＳに関する時事的な問題状況については、アフリカ日本協議会「グローバル・エイズ・アップデート」<http://blog.livedoor.jp/ajf/>を参照のこと。

第五章　越境する親密圏？
――グローバル・ハウスホールディングの時代

遠藤　乾

1　はじめに――グローバル化するハウスホールド＝家庭

最近、ひっそりと人知れず亡くなっていた老人のニュースを耳にしはしないだろうか。このような孤独死の背景にあるのは、有史以来初めての現象である。すなわち近年、日本では、一人暮らしの「ハウルホールド＝家庭」の数が全体の四分の一を超えた。後に見るように、これに関連して、少子化、高齢化、晩婚化、都市化などさまざまな現象が進行している。

これは、日本だけの現象ではない。隣の韓国、台湾、香港、そして中国大陸の沿岸部は、軒並み同様の傾向を示している。グローバル化の下で、投資――それとともに人――が都市沿岸部に集まり、気がつくと似たようなマンションに、単身者、子どものいない共働き夫婦（いわゆるＤＩＮＫＳ、Double Income No Kids）、あるいは夫婦に子ども一人の家庭が数多く再生産されている。それが「不健全だ」などとどこかの大臣のような説教をしているのではない。これらは一連のプロセスとして目の前にある。そこでは世代間バランスが崩れ、逆ピラミッド型の人口構成をした高齢化社会がひたひたと忍び寄る。いきおい関心が年金制度に向かいがちだが、ここで興味深いのは、これらのプロセスに伴い、介護、子育て、家事手伝いなど、広い意味でのケアが、国境を越えてグローバルに提供され始めていることだ。

この現象をここでは「グローバル・ハウスホールディング」と呼ぼう。この「ハウスホールド＝家庭」概念は、血縁家族よりも広く、私的領域における新しいダイナミズムを捉えるもので、その射程には、時に国境を越えてやってくるお手伝いさん、看護師・介護士、乳母（Nanny）やオーペア（Au Pair, 家事手伝い留学生）、あるいは国際養子縁組、国際結婚などを収めている。この領域に着目するとき、グローバル化は、金融や技術の話だけではなくなるだろう。それは、少子高齢化の下、介護やケア労働を通じて、ハウルホールド＝家庭のような親密圏にも浸透しつつある。なお、後の章との関連でいうと、この現象は、人の国際移動に関わり、東アジアにおける華僑や印僑など、古くからある現象と接点を持つだろう。その点にも留意して、越境する私的領域に目を向けてみよう。

2　誰が老後の面倒を見るのか

進行する少子高齢化

周知のように、日本では、一九九五年以降労働力人口が、二〇〇五年からは総人口が減少し始めた。

予測では、二〇五〇年には、六五歳以上の人口が四二パーセントを、そして八〇歳以上が三分の一を占めるようになる。この状況は、東アジアの他の先進諸国・地域でも同様である。韓国では、二〇五〇年までに、六五歳以上の人口が三三パーセントにのぼるという。台湾における予測も似たり寄ったりである。

急速に進む少子高齢化は、それぞれの国の政府や社会に多くの課題を突きつけることになる。年金制度は持つのか。出生率をどうするのか。労働力をいかに確保するのか。とりわけ、高齢者の介護を誰がどのようにするのかといった問題は、生産労働人口の減少と相まって、これからますます深刻なものとなろう。

ジェンダーとネーション

この高齢者介護という問題に対するひとつの答えは、男女間の不平等に終止符を打ち、介護や家事などのシャドーワーク(見えない労働)を、男と女で分かち合うことにあろう。掃除を例にとった米国メリーランド大学による調査によると、フェミニズム革命の前後(一九六五–九五年のあいだ)で、男は二四〇パーセントも家事負担を増やしたが、せいぜい週に一・七時間を使うに過ぎず、女は七パーセント減らしてもいまだ週に六・七時間を費やしており、不均衡は残っている(Ehrenreich 2003, p. 89)。今後ますます重くなる介護の負担を含め、シャドーワークを可視化した上で認知し、平等に負担することは、大切になってくるに違いない。それは、女性の労働市場への参画やキャリア形成にプラスに働くだけでなく、女性と高齢者の尊厳（と男性の解放）に資するためである（ミース 一九九九、上野 二〇〇五－を参照）。

以上は、家族という私的領域で高齢者の世話をするという前提での話だが、もうひとつの答えは、それぞれの国＝ネーションのなかにおける資源を動員し、政府のような公的機関が高齢者の介護に責任を持つことにある。この場合、典型的には、財政を投入して高齢者を援助し、彼らが入居する施設などをつくり、税などを通じて介護する業者、団体、個人を優遇し、国に貢献してきたとして前の世代の面倒を見ることになろう。

いうまでもなく、前者はジェンダー、後者は国民国家の観点からアプローチした理想的な解となろう。ただし、現実がそう動くかどうかは相当怪しい。というのも、東アジアの隣国を見ると、まったく異なる解、すなわちグローバル・ハウスホールディングを指し示しているようにも見えるからである。そこでは、グローバル化によって人の移動が容易になるのを受け、家事・ケア労働を介した女性の越境が、家庭の風景を劇的に変えている。以下ではそれを検討しよう。

3　家庭のグローバル化——東アジア諸国の実態

世界的な人の移動と「移民の女性化」

統計によると、世界中で二〇〇〇年現在、一億七五〇〇万にのぼる人が出生国と違う国で暮らしており（ここ三〇年で倍増、過去一〇年で一・五倍）、二〇五〇年には、二億三〇〇〇万人に増加すると予測され

ている (*eg.* United National Population Division 2002, Martin and Widgren 2002, 柄谷 二〇〇七をあわせて参照)。

この背景にあるのは、いうまでもなくグローバル化である。それは、移動コストを低下させるため、一般に人の越境を容易にする。しかし、それだけでない。グローバル化は、経済的な活動を沿岸都市部に集め、そこに人を移動させる都市化と一体の現象である。いったん都市部に集まった人は、よりよい機会を求めて、容易に国境を越えていく。その意味で、国内の移動と国際的な移動を峻別するのは、概念的であれデータ上であれ、過ちである (*eg.* Sassen 1991、サッセン 一九九二、森田 一九九四)。

近年の世界的傾向として注目されているのが、いわゆる「移民の女性化」である。かつて移民といえば、多くの場合、男の肉体労働者を意味した。ところが、近年、移民の主体が女性にかわりつつあるのである。フランスの例をとれば、一九四六年に、同国在住のアルジェリアとモロッコ出身の女性はわずかに三パーセント未満だっ

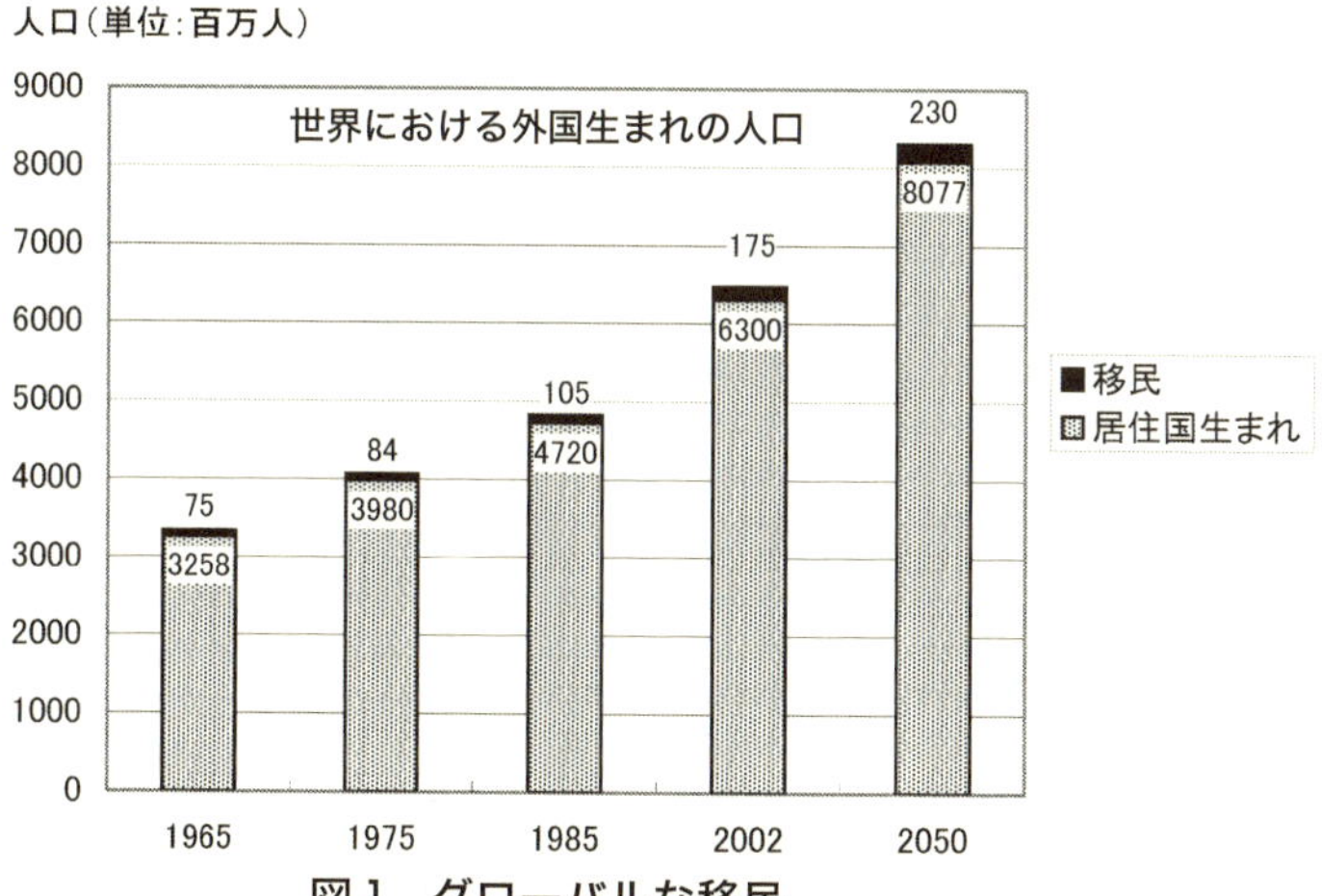

図1　グローバルな移民

出典：BBC Website, Factfile: Global Migration, 2007

たのに対して、一九九〇年までには、四〇パーセント以上を占めるに至っている。スリランカの中東への移民に至っては、八四パーセントが女性であるという（Ehrenreich and Hochschild 2003, pp. 5–6）この背景にあるのが、先進国や経済発展が著しい国における家事・ケア労働の需要の高まりである。

東アジアにおけるケア労働の国際化・女性化

こうした傾向が顕著なのが東アジアである。この分野における実証研究を積み重ねてきた安里和晃（二〇〇五（一）、一三二－一三三頁）によると、現在アジアＮＩＥＳでは、約五三万人の外国人家事・介護労働者がおり、シンガポールで一五万、香港で二四万、台湾で一三万、韓国で一万ほどの人が雇用されている（Douglass 2006b による

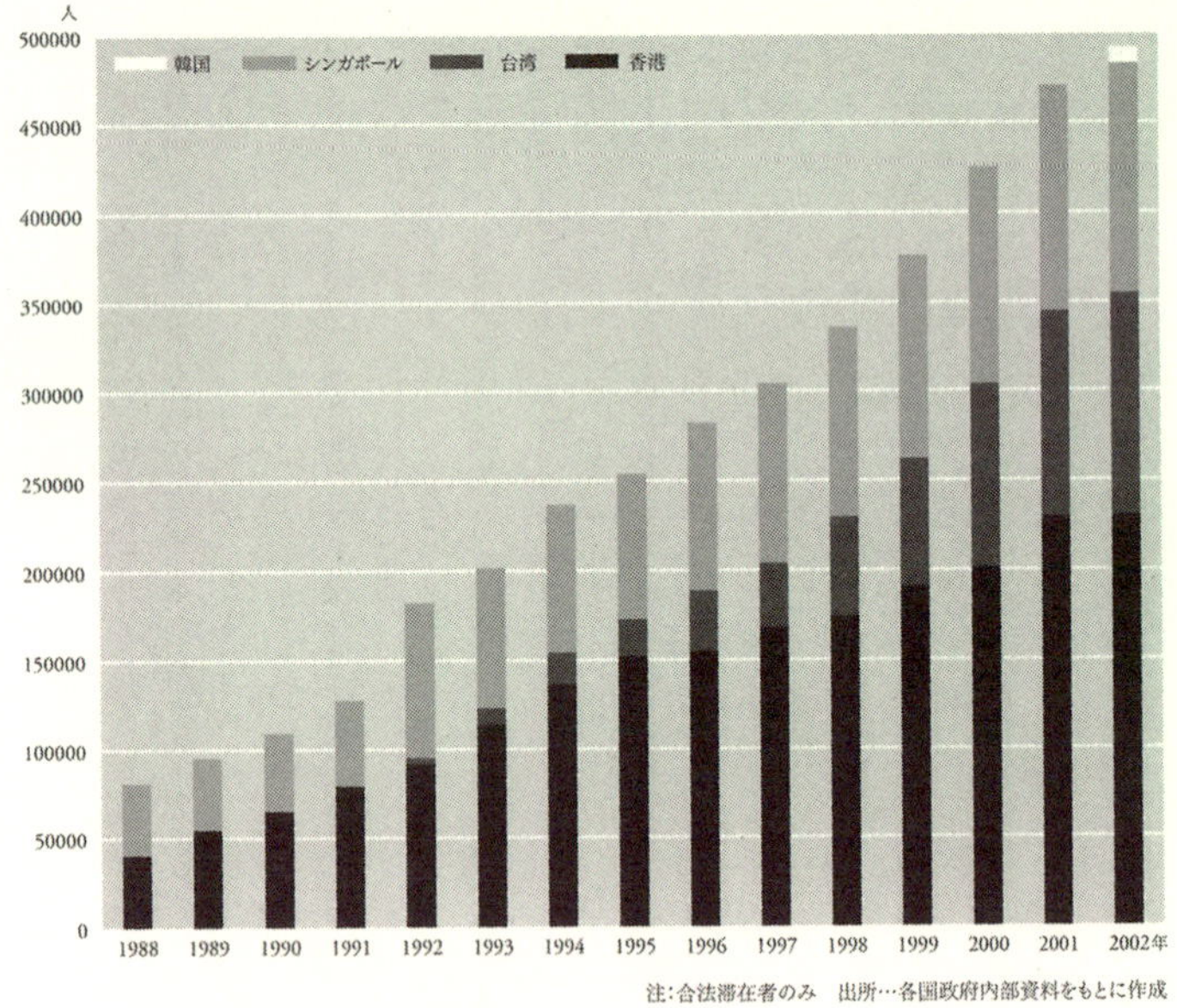

図2　アジアＮＩＥＳにおける外国人家事・介護労働者数の推移
出典：安里 2005（一）、133 頁

と、マレーシアにもさらに二四万人がいる)。そして、そのほとんどが女性で、家事や介護などのケア労働に携わっている。こうしたタイプの移民が急増したのは一九八〇年代後半以降のことで、それはアジアNIESの経済発展と軌を一にする。

今ひとつ確認しておくべきは、これらの女性移民の導入は、受け入れ国の政府が主導する形で進められた点である。一九七四年の香港を皮切りに、七九年のシンガポール、九二年の台湾、二〇〇二年の韓国といった国や地域は、送り出し国と二者間協定を結び、続々と途上国女性の受け入れに転換していった。この背景には、高度成長の下、労働力確保が重要な課題となり、自国女性を活用するためにも、比較的廉価で安定的に雇える途上国女性を家事・ケア労働に導入し、雇用主の家庭における家事、育児あるいは介護などの肉体的および精神的負担を低減する必要があったと思われる。こうした必要に鑑みて、安里が指摘するように、家事やケア労働の「官製市場」がつくられたのである。

この結果、シンガポールでは七つにひとつの家庭が住込みの外国人女性を抱え、三分の二がそうした家事労働の助けがなくてはやっていけないと考えている(Lam, Yeoh and Huang 2006)。また、台湾では、重度の要介護者と認定された二六万人の半数に、外国人の介護労働者が付いている状況である(安里二〇〇五〔二〕)。これらの国では、外国人女性の移民労働者が家庭や施設の一風景をなし、経済成長が一段落しても、あるいはアジア通貨危機が吹き荒れようとも、その風景に変わりがない。女性の社会進出が当たり前となり、高齢化が進行するにつれ、外国人家事労働者は定着していったといえよう(なお、介護・ケア労働の国際化の現況を比較した近著として久場二〇〇七、およびアジアにおける少子高齢化と福祉の問題を分析した大泉二〇〇七もあわせて参照されたい）。

国際結婚

なお、途上国女性は、労働者としてだけでなく、婚姻を通じて越境し、家事やケア労働の担い手として期待される。台湾では、新規結婚の七組に二組は国際結婚であり、とりわけ最近ではヴェトナム人との国際結婚が増えている（過去三年で八万人のヴェトナム女性が台湾人と結婚した）。その結果、台湾の新生児の七、八人に一人は、外国生まれの母親から生まれるようになった。また、韓国では、二〇〇五年現在全婚姻の一三・六パーセントが国際結婚で、花嫁に不足する地方では四〇パーセント近くが国際的な見合い婚である。その結果、同国では、二〇二〇年までに、二〇〇万の混血児、いわゆる「ハーフ」の誕生を見積もっている。ちなみに日本でも、一九八〇年代に山形県などの東北地方の農村に嫁入りするフィリピン人花嫁（いわゆる「じゃぱゆきさん」）がニュースになったが、以来緩やかに、また都市部を中心に国際結婚は増え続け、二〇〇二年段階で三万組にのぼり、総婚姻数の五パーセントを占めている。（ここでは紙幅の都合上取り上げないが、デボラ・スパー 二〇〇六が、国際養子縁組の世界市場について議論をしている）。これらの持つ長期的な影響も注意深く見極める必要があろう（Douglass 2006a/b）。

送り出し国の内実

ケア労働者の送り出し国に目を移してみよう。主な国として挙げられるのは、フィリピン、インドネシア、ヴェトナム、中国、スリランカである。

なかでも最大の送り出し国がフィリピンである。同国の移民労働者は、実に約五〇〇万人にのぼり、全労働力人口の一割に相当する。その約三分の二が女性で、ほとんどが家事・ケア労働に従事している。彼らが滞在している国からの海外送金によって、全人口の三四〜五四パーセントが家計を支えているといわれている(Perreñas 2003, p. 39)。それは、総額として同国のGDPの約一〇パーセントに当たる。

またインドネシアでは、一九八九年からの五年で六五万人が、九五年からの五年で一四六万人が海外へ出稼ぎに出た。そして、最近自国労働者の送り出しに熱心なのがヴェトナムである。二〇一〇年までに一〇〇万人を海外へ送り出す計画といわれる。実際、同国から台湾に渡った労働者だけ見ても、二〇〇一—〇四年の三年間で、約五〇〇〇人から七万二〇〇〇人へと急増している(安里二〇〇六〔三〕)。

こうして国策として労働者の送り出しに努めるのは、政府から見れば、自国の失業を抑え、外貨を獲得する手っ取り早い方策だからであろう。現に在外フィリピン人の海外送金は、同国の貿易赤字を補填して余りある。いきおい送り出し国のあいだの競争に行きつく。ここでひとつ見逃してはならないのは、競争にさらされた送り出し国政府が自国労働者の保護に熱心とは限らないことだ。家事・ケア労働者が、家庭や施設の閉じた空間のなかで脆弱な立場に立たされることからすると、これは由々しきことである(安里二〇〇五〔二〕)。もうひとつは、受け入れ国政府が、送り出し国の足下を見て、他国労働者への乗り換えなどを示唆することで、自国に有利に外交通商交渉などを進める可能性が高いことである。実際、台湾は、フィリピンとの航空路開設増設やタイとの要人訪問に関して、そうしたカードをちらつかせ、自国に有利に交渉を運んだ（明石二〇〇六）。

　他方、移民の側から見ると、グローバル・ハウスホールディングは生き残りと社会的上昇の機会を意味する。すぐ後に述べるように、送金は最も安定した収入源となる。それは、教育などを通じて、多くの場合次世代への投資に使われるのである。

海外送金――南北格差のなかの戦略的決定

　こうした移民の背景にあるのは、もちろん南北間の経済格差である。たとえば、個人ベースでいうと、フィリピンの小学校の先生が香港で住み込みのケア労働に従事すれば、一五倍の給料をもらえる（Ehrenreich and Hochschild 2003, p. 8）。また国ベースでは、すでに述べたように、経常収支の改善から

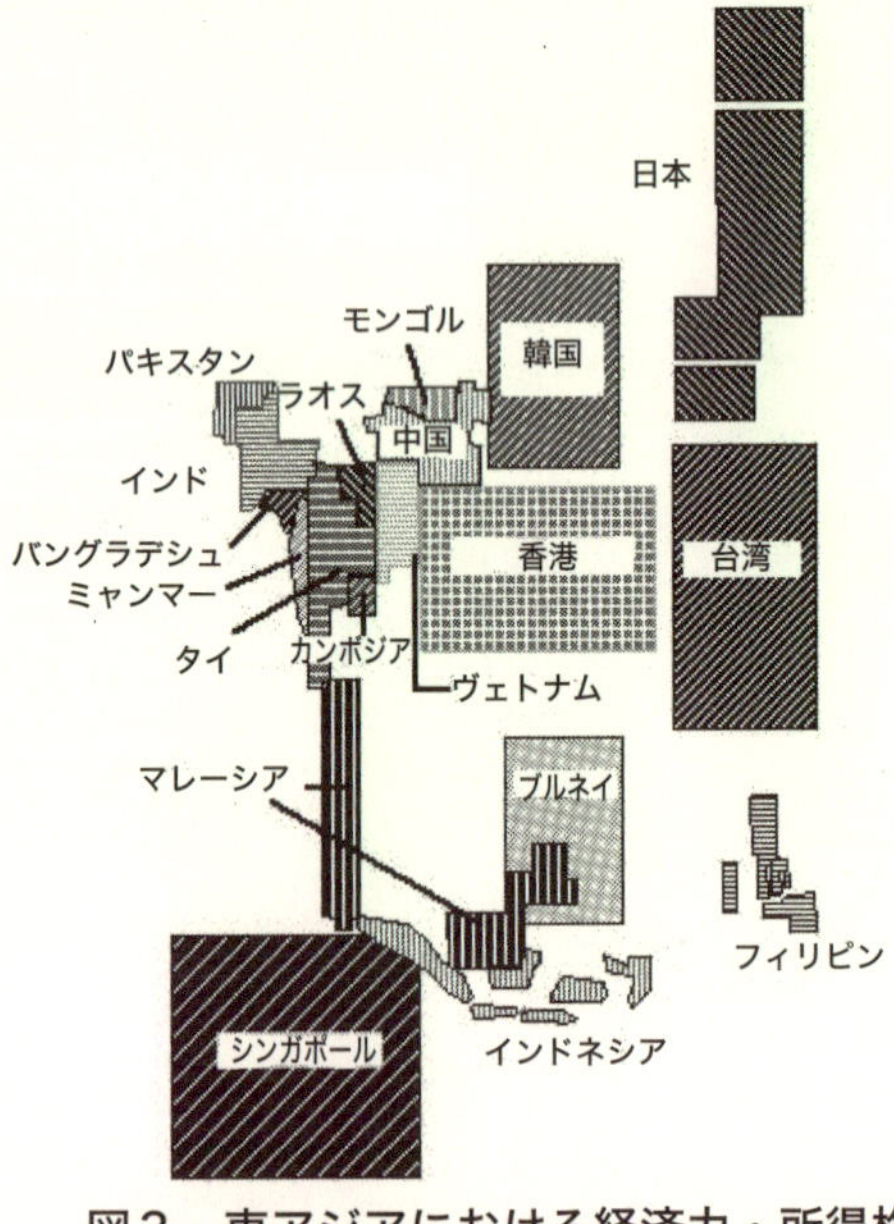

図３　東アジアにおける経済力・所得格差
（購買力平価換算のＧＤＰに基づく）
出典：UNDP, Human Development Report 2001, quoted in Douglass 2006a

失業対策までの幅広い課題に対処する処方箋となっている。

この海外送金には、途上国の発展と南北格差の緩和に役立っている側面がある（Kapur and McHale 2005, ch.8）。周知のように、一九九〇年代以降、政府開発援助（ODA）は削減傾向にあり、当分劇的な回復は望めそうにない。また、一時途上国の発展に寄与するとして期待を集めた直接投資（FDI）も、アジア通貨危機以降、その脆弱性が意識されるようになった。そうしたなか、海外送金の規模は、二〇〇四年の段階で、全世界で一二五八億ドルに達し、二二の最富裕国によるODAの七八六億ドルをはるかに上回っている。前にも述べたように、国別でもフィリピンなどの開発途上国のGDPの一〇パーセントを占めている。この送金が、危機に対して最も安定的に、そして（中間的なアクターを通さないという意味で）直接に途上国住民に届くこともあわせて考えると、送金先の国（民）にとって、途

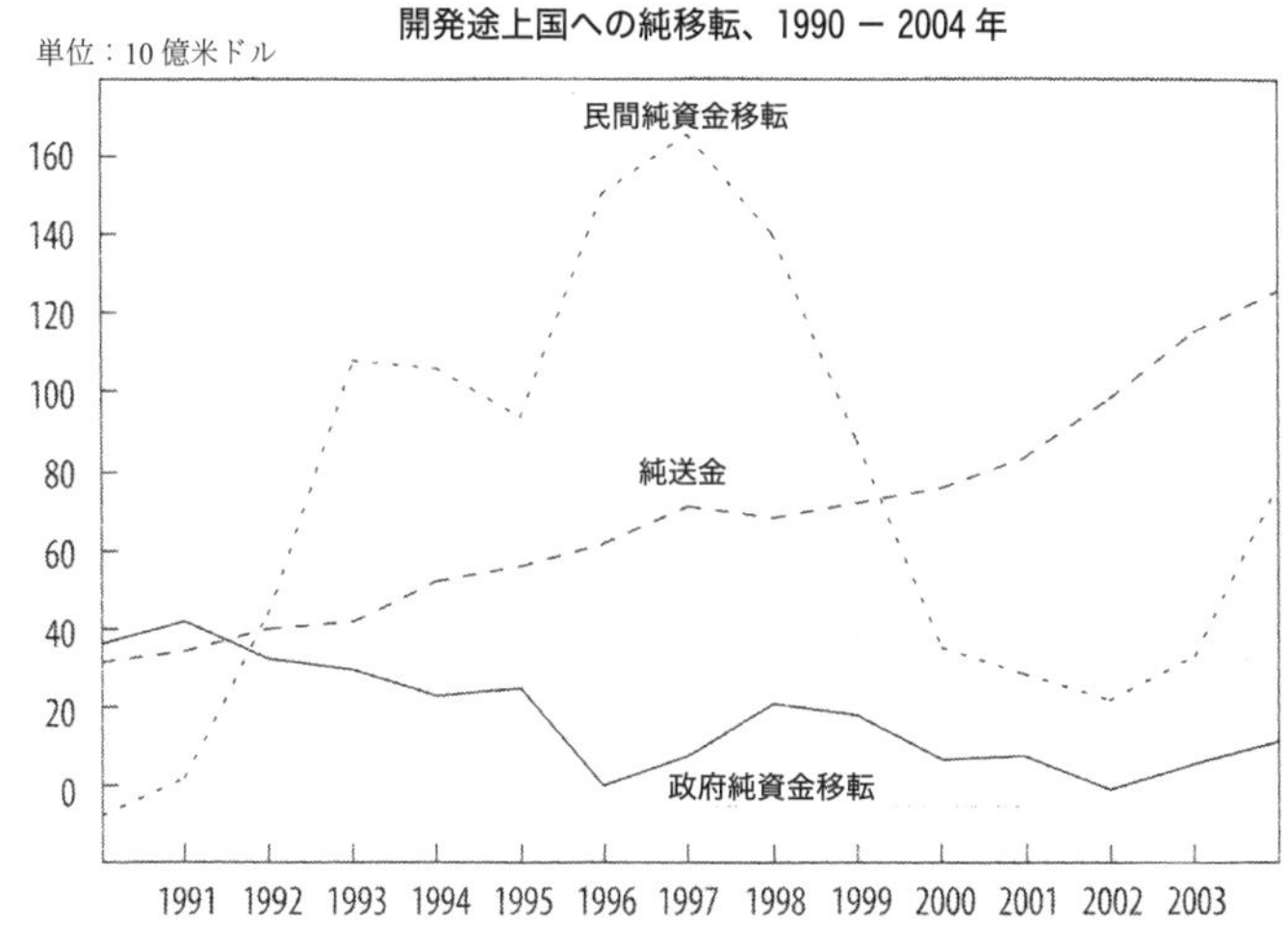

図４　海外送金

出典：Kapur and McHale 2005, p.136

切れない発展に資する一大要素だといえよう。

また、人ベースで見たときにも、移民は個々の家庭の主体的で戦略的な決定の要素を含んでいる。送り出す側の家庭の多くは、最貧困層ではなく中流階級に属しており、越境する際に必要な資源を持ち合わせている。ここでは、社会経済的な上昇を可能にする手段として、途上国側で移民が選び取られ、その上昇は海外送金を通じてなされているのである。

もちろん、海外送金が南北格差や社会経済的厚生への万能薬であろうはずがない。途上国における生産や投資に向かわない可能性もあれば、送金へ過度に依存した体質を途上国の経済や家庭にもたらす可能性がある。しかしながら、移民の受け入れ国から送り出し国への海外送金は、経済危機とODA疲れの時代にあって、いわば「私的な海外援助」の意味合いを持ち、発展への重要な一要素をなすことに留意する必要がある。

4　家庭のグローバル化の中長期的課題

こうして進行しつつある家庭のグローバル化（グローバル・ハウスホールディング）は、中長期的に見てどのような課題をもたらすのだろうか。以下では、送り出し国と受け入れ国の双方における問題点をいくつか洗い出してみよう。

ケア流出(Care Drain)

まず、送り出し国における最大の問題点は、いわゆる「ケア流出(Care Drain)」(Ehrenreich and Hochschild 2003, p. 27)である。家事やケア労働を介した「移民の女性化」は、実態としては多くの場合、送り出し国における母親の出稼ぎである。それが、富裕国の家庭における子どもや高齢者にケアを供給する一方、途上国における多くの家庭で、当の母親のケアを受けられない子どもを数多く生み出すことを忘れるわけにはいかない。

この事実が、母親不在の子どもたちにどのような影響を与えているかについては、一口に要約するのは不可能なほど多くの研究が存在する(一例として、Perreñas 2001, ch. 5)。それは、経済状況はもちろん、大家族のあり方、とりわけ祖母のケアや父親の役割などによっても大きく異なる。フィリピンの事例を精査したペレーニャスによると、母親が外国で労働している三〇家族のうち、夫が家にいるのは四家族のみであったという(Perreñas 2003, p. 49)。ほかの親族にもケアされない子どもが、さまざまな問題を抱えるであろうことは、想像に難くない。

実際、このようなケア流出を声高に非難する政治家には事欠かないようである。フィリピンのラモス大統領(在任一九九二―九八年)は、ケア労働者の海外への送り出しには積極的であったが、それは未婚の女性に限るべきだとした。

ただし、こうした事実や傾向ゆえに、母親の海外への出稼ぎを全否定すべきかどうかは議論の分かれるところであろう。送金の効能についてはすでに触れたが、たとえば、それがなくなって真っ先に切られるのは、女子の教育費である可能性が高い（Kapur and McHale 2005, p. 148）。そもそも多くの父親が家計にもケアにも貢献しない点は、もっと問われてもよいだろう。

ほかにも、送り出し国における看護・介護などの機能不全を招くとする議論もある（一例として、石二〇〇六）。たしかに、一部のサブサハラ・アフリカ諸国における看護師などのケア労働者の流出は、深刻な保健衛生システム不全に至っており深刻である。ただし、これも国や地域によって一概にいうことはできず、フィリピンやヴェトナムのように、国策でケア労働者を育て送り出すような国で、同様のシステム崩壊があるともいえない。以上からいえることは、ケア流出は送り出し国にとって深刻な問題だが、その一点に絞って事の是非を論じるのは早計だということである。

どこでどんな人が必要とされているのか――中国の男女間不均衡と東アジアの人口移動

ただし、この最後の問題が、もし「どこでどんな人が足りないのか」という広域にわたるシステム不全の問題を提起しているのだとすると、それには意味がある。というのも、日本における議論は、往々にして、ケア労働の需要は高まっているなかでいかにして外国人の流入を限定選択的にしていくか、という狭い問題の立て方をする傾向にあるが、東アジアの現状（および将来予測）を見渡すと、まったく異なる問題も提起されうるからである。

よく知られるようになった二〇〇五年の統計によれば、中国の四歳以下の子どもの男女比は一一九対一〇〇となっている。ここまで劇的なものではないが、出生データにおける非正常な男女比はこの二〇年ほど観察され続けており、一人っ子政策と男子優先のイデオロギーの帰結だといわれている。これは、それ自体悲劇であろうが、世界人口の五分の一を抱える大国で起きていることに留意する必要がある。具体的にいうと、将来の中国において、二三〇〇万から三〇〇〇万人の男性が結婚適齢期に花嫁探しに苦労する事態に陥る可能性があるのである（Gu 2007）。同様に、インドにおいても類似の現象が報告されており（二〇〇一年の国勢調査では、六歳以下の少年一〇〇〇人に対し、少女は九二七人）、二大人口大国で男女間不均衡が存在することになる。

もしこの事態が、近接世代や国内他地域の女性（移動）によって吸収しきれないものだとすると、東アジアにおいて、人口移動の圧力が高まる可能性が出てくる。この事態に照らして、すでに外国人女性との婚姻が「解決法」として示唆されるに至っている（Attane 2006）。また、現在の性分業と性差別を前提にした場合には、中国沿岸部で急速に進む少子高齢化とも相まって、たとえ国際結婚に至らないとしても、再びここでも外国人ケア労働者、すなわち途上国女性の導入に至る可能性が高い。こうして家庭のグローバル化は、まだまだ続きそうなのである。

このシナリオは、たくさんの前提を置いた上での話であり、予想通りにいかない可能性も十分に残っている。そもそも前提となるデータ収集の段階で、一人っ子政策の影響の下、女子の出生が隠され現れにくい事情もあろう（多くが米国等に養子として渡っているという報道もある）。あるいは、中国における伝統的な家族観・結婚観が変化すれば、また違う帰結にたどりつくかもしれない。しかしながら、中国沿岸部の一部でも香港・台湾型の選択をし、グローバル・ハウスホールディングの方向に動いたとすると、東アジアにおけるケア労働者は、受け入れ国が獲得に向けて競争する対象となろう。これは、前に述べてきた送り出し国間の労働ダンピング競争とは異なる構図に違いない。また、フィリピン等との経済連携協定に見られるようなケア労働者の入国制限に関する日本の議論も、相当な修正を余儀なくされよう。そこでは、いかに移民を入れないかでなく、いかに獲得するかという問題に変わっている可能性があるのである。いずれにしても、東アジアや世界全体の動向を見ながら、どこでどんな人が必要とされているのかを見極めていくべきだろう。

差別とどう向き合うか

このグローバル・ハウスホールディングの中核の部分には、市場を介した家事やケア労働の商品化、家事・ケア労働者の女性化・外国人化があるのは否めない。そうして形成される多国籍の家庭に温かみがないとはいえず、むしろ多くの報告で本物のケアが提供されている事例が記録されている。

しかしながら、家事・ケア労働者の女性化・外国人が、性分業の固定化と外国人の（本国人がしたがらない）一定労働への固定化を招くことから目をそらすわけにはいかない。というのも、その二重の固定化を通じて、性差別と人種差別が再生産されうるからだ。これは、受け入れ国側における最大の問題となろう。

差別という問題に魔法のような処方箋が描ける人はいない。けれども、少なくともそれは、家事・ケア労働の認知、それに携わる人の尊重を含むだろう。そもそも他国女性を導入する主たる理由は、自国社会のケアと家事の赤字補填なのである。これはまた、富裕国における男女間の闘争を緩和することにもなるのだろう(本章の1で述べた一九六〇年代から九〇年代までの清掃の男女分業の推移は、一九八〇年代半ばで実は再固定されたという。これは、米国における家事育児労働への途上国女性の本格的導入と時期を同じくしている)。だとすれば、なおさら導入する途上国女性を尊重する必要があろう。

ただしこれは、控えめにいっても困難なことに違いない。というのも、女性の社会進出を含め、自国における男女平等の進行が完遂することもないまま、その進行が途上国女性の導入を前提としているのを認め、新たな差別に取り組まねばならないからだ。つまり、家事やケア労働に途上国女性を導入する場合、外国人女性を内包する社会と政策が国内の平等化と同時に求められるわけで、それには相当の覚悟が必要なのである。

5　おわりに――グローバル化時代の家庭とガバナンス

グローバル・ガバナンスと銘打った書物で、家庭に焦点を当て、今述べたような差別の問題を持ち出すのをいぶかしがる向きもあろう。しかし、これはいくつかの意味を含むものであった。

ひとつには、序章で述べたように、グローバル・ガバナンス(論)は、あくまで機能的必要性の「うち」側にすべてを包摂しようとし、平等とか正義といった大文字の価値闘争の問題を、すでにある程度解決されたものとして「そと」に括り出す傾向がある。ここでも、国内の家事・ケア労働の不足を外国人女性で補うという機能的必要からのみ語ることは可能であろう。むしろ、グローバル・ガバナンス論はそのように問題を立てたがるのである。しかし、機能的必要性というより価値そのものの問題である男女差別や外国人差別は、グローバル・ガバナンス論の射程を試す境界線にある。

グローバル・ガバナンス（論）の「境界線」というのは、機能的必要性のことばに換算できるかどうかぎりぎりのところになるという意味である。つまり、家庭、社会、国家などのユニットや場で、差別の問題にきちんと向き合わなければ、家事・ケア労働の国際化を介したグローバル・ハウスホールディングは、労働者不足という問題の緩和や解決にとって、逆機能する可能性がある。それは、家庭のようなミクロなユニットから、国際的なマクロな場に至るまで、紛争や緊張を持ち込むだろう。その機能の世界に引きつけたとき、グローバル・ガバナンス（論）は感度を取りもどす。こうした価値闘争が浮上しやすい問題をどう捉えるのかで、グローバル・ガバナンス（論）へのスタンスが定まってくるだろう。

また、この家庭という私的領域に注目することで、異なることもまたひとつふたつ見えてこよう。ひとつには、国家の役割が減衰したとする神話である。このグローバル・ハウスホールディングが、家事・ケア労働市場のグローバル化を契機にしている点を強調したが、その市場は、受け入れ国政府の判断による「官製市場」であった点が明らかである。ヒトの移動は、カネや情報と違い、国家の手からこぼれ落ちるようにして越境するのではない。それは、門番たる国家政府によって門の開閉を制御されるなかで成立しているものである。もとより序章で述べたように、グローバル・ガバナンス（論）は、国家政府の役割を否定するものではないが、ここでグローバルなヒトの移動に関わるそれを再確認しておく必要はあるだろう。

もうひとつは、市場の自律性に関する神話である。グローバル化が、市場の世界化と軌を一にして深化していることは序章で述べたが、この章で顔を覗かせるのは、その市場が、家庭のような外延の世界におけるガバナンスに寄生する形でのみ機能しうるということである。つまり、グローバルな市場は、そこに任せれば完結している自律的な存在ではない。それは、おおむねナショナルな枠内で成立し、部分的にしかし急速にグローバル化する家庭という場に、労働者の再生産を外部化し、またその終焉プロセスを看取らせることで初めて成立するものなのだ。こうしてグローバル・ガバナンス（論）は、その射程のなかに、家庭などの私的領域を包摂せざるを得ないのである。

最後に、以上の議論は、華僑や印僑を扱う本書の第九―第一〇章の議論と連結させることができよう。第九章が述べるように、東アジアにおける越境的なコミュニティやネットワークの形成は、なんら新しい現象でない。のみならず、神戸の華僑の例からもわかるように、日本のように閉鎖的であるとイメージされがちな国においても、根を張った外国人コミュニティも存在し、また華僑の越境ネットワークはアジア太平洋地域で再形成されつつある。本章で注目した家庭は、親族ネットワークとしての華僑とは、「家」の組織やネットワークの仕方としては違いがあるが、同じ私的領域がグローバル化するという意味では重複する。また華僑社会は、それが越境した送金や互助、民の領域で一定の紛争処理を試みるメカニズムとして、長らく作動してきた。こうして再び、グローバル・ガバナンス分析は、私的領域にまたがる越境的なネットワークが、どのような秩序形成をなしているのかといった検討を含まざるを得ないのである。

あるいは第一〇章との関連でいうと、そこで描かれるニッチ産業の担い手としてのインド商人は、ケア・介護労働に携わるフィリピンなどの女性とパラレルに映る。ニッチ産業とは、大国・宗主国の住民が手を出さない隙間産業であるのと同時に、それがないと主要産業も成り立たない性格のものである。本章で取り扱ったのは、産業の高度化と男女平等が進む先進国で、気がつくと家庭が空洞化し、そこに外国人女性が入り込む事例であった。これは、隙間を埋めるのと同時に、それがないと産業の高度化が達成しづらいという、優れてニッチ産業的な構図を指し示しているといえよう。こうして、東アジアにおいて現在進行形のグローバル・ハウスホールディングを考察する際、同じこの地域におけるこうした歴史的な経験を参照することには、少なからぬ意味がある。

参考文献

明石純一（二〇〇六）、「外交資源としての外国人労働者—台湾の事例分析」『国際政治』一四六号（松浦正孝編「二〇世紀アジア広域史の可能性」特集号）、一七二—一八六頁。

安里和晃（二〇〇五—〇六）、「移動の世紀の〈再生産労働〉（一）（二）（三）」『at』第一、二、五号。

朝日新聞アジアネットワーク（二〇〇二）、「アジア人流新時代（二〇〇一年間レポート）」。

石弘之（二〇〇六）、「貧しい国から看護師を奪うのか」『科学』七六巻一二号。

上野千鶴子（二〇〇五—）、「ケアの社会学」『at』第一—八号（連載中）。

大泉啓一郎（二〇〇七）、『老いてゆくアジア—繁栄の構図が変わるとき』中央公論新社。

柄谷利恵子（二〇〇七）、「国境を越える人の移動」、高田和夫編著『新時代の国際関係論—グローバル化のなかの「場」と「主体」』法律文化社、第四章。

久場嬉子編著（二〇〇七）、『介護・家事労働者の国際移動

―エスニシティ・ジェンダー・ケア労働の交差』日本評論社。

サスキア・サッセン著、森田桐朗ほか訳（一九九二）、『労働と資本の国際移動―世界都市と移民労働者』岩波書店〔原著一九八八〕。

デボラ・L・スパー著、椎野淳訳（二〇〇六）、『ベビー・ビジネス―生命を売買する新市場の実態』ランダムハウス講談社〔原著二〇〇六〕。

M・ミース著、奥田暁子訳（一九九七）、『国際分業と女性―進行する主婦化』日本経済評論社〔原著一九八六〕。

森田桐朗編著（一九九四）、『国際労働移動と外国人労働力』同文舘。

Attane, Isabelle, 2006, 'The Demographic Impact of a Female Deficit in China, 2000–2050,' *Population and Development Review*, Vol. 32, No. 4, pp. 755–770.

Douglass, Mike, 2006a, 'Global Householding in Pacific Asia,' Paper presented at the conference, 'Global Householding: A Comparison among High-Income Economies of East Asia,' Hokkaido University, Sapporo, Japan, 7-8 February 2006.

Douglass, Mike, ed., 2006b, Special Issue on 'Global Householding in East and Southeast Asia,' *International Development Planning Review*, Vol. 28, No. 4.

Ehrenreich, Barbara and Hochschild, Arlie Russel eds., 2003, *Global Women: Nannies, Maids and Sex Workers in the New Economy*, Metropolitan Books.

Ehrenreich, Barbara 2003, 'Maid to Order,' in Ehrenreich and Hochschild eds., pp. 85–103.

Gu, Baochang 2007, 'Recent Demographic Transformation in China,' Paper presented at the conference: 'Global Migration and the Household in East Asia,' Pai Chai University, Seoul, Korea, 2–3 February 2007.

Kapur, Devesh and McHale, John, 2005, *Give Us Your Best and Brightest: The Global Hunt for Talent and Its Impact on the Developing World*, Center for Global Development.

Lam, Theodora, Yeoh, Brenda and Huang, Shirlena 2006, 'Global Householding in a City-state: Emerging Trends in Singapore,' *International Development Planning Review*, Vol. 28, No. 4.

Martin, Philip and Widgren, Jonas, 2002, 'International Migration: Facing the Challenge,' *Population Bulletin* (Population Reference Bureau), Vol. 57, No. 1.

Perreñas, Rhacel Salazar, 2001, *Servants of Globalization: Women, Migration, and Domestic Work*, Stanford University Press.

Perreñas, Rhacel Salazar, 2003, 'The Care Crisis in the Philippines: Children and Transnational Families in the New Global Economy,' in Ehrenreich and Hochschild eds., pp. 39–54.

Sassen, Saskia,1991, *The Global City: NewYork, London, Tokyo*, Princeton University Press.

United Nations, 2003, *World Population Prospects: The 2002 Revision*, New York.

United Nations Population Division, 2002, *International Migration 2002*, United Nations.

なお、共同組織した以下の二つの国際シンポジウムのペーパー集にも依拠した。

'Global Householding: A Comparison among High-Income Economies of East Asia,' Hokkaido University, Sapporo, Japan, 7–8 February 2006.

'Global Migration and the Household in East Asia,' Pai Chai University, Seoul, Korea, 2–3 February 2007.

第Ⅱ部　グローバル・ガバナンスの歴史分析

第六章　東アジアにおける自由貿易原則の浸透

籠谷　直人

1　一九世紀ヨーロッパ「一〇〇年の平和」と自由貿易原則の東漸

これまで、東アジアの一九世紀について議論されてきたことは、ヨーロッパの近代的帝国主義による「自由貿易」原則の強制と、それへの対応であった。なかでも、政治史的には、インド大反乱（一八五七年）、アヘン戦争（一八四〇—四二年、五六—六〇年）、日本の開国（一八五九年）と明治維新（一八六八年）などの、衝突と断絶の側面が強調されてきた。同じ頃、ヨーロッパの一九世紀は「わずか一八カ月間しか戦争が起こらなかった」、「平和の一〇〇年（一八一五—一九一四年）」（ポランニー一九七五、第一章）という連続的な様相を呈した。本章は、政治的な「東の衝突」と「西の平和」の差異を念頭に置いて、自由貿易原則の東漸がアジアに投げかけた一九世紀のグローバル・ガバナンスを議論したい。

ヨーロッパの「平和」は、「企業精神に富んだ銀行家たちによって立憲制が暴君に押し付けられた」ことを背景にしていた。金融家の動機は「利得」であり、列強間の衝突が彼らの「貨幣的基礎を損なうことになれば、彼らの商売は損害を蒙る」ことになるから、そうした損害を事前に避けることが一九世紀の広域課題になった。そして、「平和を維持するための条件」が、各国による〈立憲制、金本位制、自由貿易体制〉の採用であった。結論を先取りすれば、一九世紀のアジアの政治的断絶と混乱は、ヨーロッパの主権国家システムがつくり出した立憲制、金本位制、自由貿易体制という文明標準をアジアに提示したときに生じた摩擦であった。

立憲制は、その政府行動を財政予算に反映させた。そして通貨の対外価値はその国の予算評価と深く関係したから、多くの主権国家は自国通貨の為替相場を注意深く見守り、そして財政予算の健全性を重視した。それゆえ、主導的な主権国家が金本位制を採用すれば、この予算の慎重さと通貨価値の安定が「強力な行動」規範となった。そして、金本位制への移行は、「国家秩序への忠誠を象徴する」行為であり、「多くの小国に、ロンドンのシティの声を伝える媒体」であった。さらに国際金融の中心のロンドンは、そこでの貿易決済を増やす貿易「財は妨害や特恵なしに国から国へ自由に移動すべきこと」、つまり「自由貿易」を、世界地域に行動規範として求めた。立憲制、金本位制、自由貿易体制は、一九世紀ヨーロッパが案出した「平和」標準の具体的表現であり、一国の姿勢としては、「予算と軍備、外国貿易と原料供給、国家的独立と主権」が、通貨信用を維持する基準になった（ポランニー 一九七五、第一章）。

しかし、主権国家システムのなかった一八世紀以降の東アジアにおいて、急激に「予算と軍備、外国貿易と原料供給、国家的独立と主権」の三つのシステムを適用することは困難であった。むしろ「外国貿易と原料供給」は、関税自主権の剥奪や第一次産品供給国化といった、主権侵害の問題につながった。「国家的独立と主権」は領事裁判権の撤廃や関税自主権の回復という問題をかかえていた。そして「予算」においても公債や外債を発行することには慎重であった。

しかしながら、近代日本は、この三つのシステムを一八九〇年代までに受け入れた。一八九〇年に立憲制に基づく議会を開設し、一八九七年に金本位制に移行した。そして、財政収入を土地改革（地租改正）を通した地税から獲得し、関税を引き上げることのない自由貿易原則を受け入れた。また欧米が求める石炭、銅や生糸などの第一次産品を輸出した。イギリス領インドでも、植民地という環境下において、財政予算化、金本位制、自由貿易原則は、強制を伴って受容された。

日本やインドとは対照的に、中国は立憲制を通して公権力を相対化することも稀であり、また一九三五年まで銀貨圏にとどまった。租界が主要港に長く存続したことも、租界内に自由が限定されていたことを含意した。中国がアジアのなかで、一九世紀のヨーロッパ文明標準に対応する姿勢を明確には示さなかった理由は、主権国家間競争の延長上にある帝国主義とは大きく異なり、自らが「中心」であることを強く意識し続けた帝国であったからである。政治的権威の中心が明確な旧帝国は、挑戦を試みる競争者が台頭しても、それらの行動を「周辺紛争」と読みかえた。その典型例はアヘン戦争であった。周辺としての香港が割譲されたことも周辺紛争の結末であり、中心の権威を相対化するものではないと認識された。そうした権威の中心が存在する以上、議会や裁判所などの裁定の外部化は、その中心性を脅かすことになるから、政治的径路として選び取られることはなかった。

本章では、近代ヨーロッパが案出した自由貿易原則などの文明標準を受容しなかった中国の農業帝国経済を検討し、その帝国経済に対してイギリス帝国主義がとった戦略を議論する。そして、自由貿易原則を強制したヨーロッパ帝国主義の東漸が、東南アジアに広がる華僑ネットワークの伸張と共時的であったことを主張したい。

2　清代帝国の経済

政治的中心を持つ帝国と重商主義の不在

近代資本主義の形成は、主権国家システムが提供した制度や機関によって、市場に安全が持ち込まれることを必要とした。ヨーロッパでは、公権力間の競合は、軍事力とそれを支える財源を求めて徴税と債券発行を試み、公権力は商人らの経済主体に対して、課税や借り入れなどの負担をかけた。そして、経済主体らも、この公権力から逃避するのではなく、その「横暴」を制御する姿勢を用意した。公権力が重税や借金の踏み倒しなどによって、人々に耐えがたい負担を与えたりすれば、市場秩序は大きく後退するから、王権を相対化し、財産権を保証することが重要となった。権力に「対峙的」な商人は、議会などを通して、所有権の保護、不法行為と損害賠償、契約履行のルールをつくることで、市場秩序を維持しようと試みた。そして、権力もそれらを遵守することを学んだ。市場を完全に近づけようとする、裁判所、取引所、そしてイデオロギーなどが、裁定の外部化を伴って、双方にとっても侵しがたい「公共財」となった。この公共財を利用しながら、市場を完全に近づけようとする行動規範が、公権力と商人の双方からつくり出され、市場インフラを形成した。そして、この市場インフラが形成されることによって、経済主体にとっての利益予測の「計算可能性」(ウェーバー 一九六〇、七八頁)が高まり、長期の産業投資と工業化が実現したのである。

しかしながら、近世アジアにおいては、こうした市場秩序を提供する公共財は、公権力と商人とのあいだでは創造されなかった。むしろ、商人は公権力の「横暴」に対しては「逃避的」であった。しかし、アジアの農業帝国は、政治の中心を有した反面で、主権国家間競争が展開した「重商主義とは本質的に趣を異にしてい」(ウェーバー 一九六〇、二四五頁)たことに留意したい。主権国家システムは、強国の登場を許しても、システムとしての中心性が弱かったゆえに、さまざまな競争原理を政治的に表現し、拡張しうる領土の画定を優先した。他方、農業帝国は、その中心から試みる、「儀礼、職分、徴税」を通して資源を調達し、再配分しながら、広域秩序を形成した。その経済は、従来想定されてきた以上に開放性を有した。なかでも一八世紀の清朝は、朝貢が起動するときに生じる儀礼コストを切り下げようとする「柔らかい」システムを有した。清朝は、人の移動、交易、集団形成などには制度的な規制を加えることの少ない柔軟性を有した。つまり、農業帝国はその影響圏を広げる意思を有しつつも、ヨーロッパ海洋帝国の重商主義とは無縁であり、むしろ多様な商業集団の参画を許す開放性を備えていた。

朝貢の儀礼コスト

清朝のとった、「広東システム」（一七五七―一八四二年）は、対西欧貿易の広州一港化であった。これは「国防」上の課題で、「不良の徒で国情を漏洩し外夷を誘導することを恐れた」（成田 一九四二、二二五―二二六頁）ために実施されたと説明されてきた。陸の政権が、海上の安全保障を重視するものであった。しかし、近年の清朝中国史研究は、このシステムを伝統的な「朝貢」ではなく、むしろ「互市」として再検討している。一七九〇年代末のイギリス大使マカートニーの対清（乾隆帝）交渉は、彼が朝貢儀礼に翻弄される挿話で有名であった。しかし清朝の対外政策は朝貢のような求心力の強い、そして儀礼コストのかかるものではなく、むしろ遠心力を高めて通商を拡大させるような「互市」システムに移行しつつあったことが明らかにされつつある。朝貢であれば発生するところの儀礼的な政治コストを大きく切り下げて、交易機会を高めることを、一八世紀の清朝は志向した。朝貢システムの残存という欧米側の歴史認識は、清朝の対外関係の後進性を強調し、来たるべきアヘン戦争を正当化するような政治的課題と深く関わっていた。広東システムは、儀礼コストの高い「朝貢体制とほとんどあらゆる点において逆のベクトルをもつ互市の制度」（岩井 二〇〇七、三八一頁）であったという解釈には説得力がある。

決済の中心の曖昧さと商習慣の残存

清朝の農業帝国は、諸地域にまたがる商人の活動に対して、彼らが王権に強い抵抗姿勢を見せない限り寛容であった。帝国内では、北部、北西部、長江上流、長江中流、長江下流、東南海岸、雲貴、嶺南などの八つの地域市場圏が発達していた。スキナー(Skinner 1977, pp. 214–215)が「マクロ・リージョンズ」と呼んだ八つの市場圏である。しかし、その地域間では銀の利用を抑制する取引がつくられていた。一八世紀前半より日本からの銀の供給は強く制限されていたからである。農業の商業化やプロト工業化の進展は著しかったが(Wong 1997, ch. 6)、「銀両を使用するの労を省く」(大橋 一八九二、六〇頁)という「貨物交換の法」が展開していた。それぞれの市場圏内では銅銭が用いられたが、遠隔地間取引での銀の利用は抑制された。そして、それぞれの地域市場圏では徴税をも請け負う「牙行」の特許商人が、度量衡の統一や価格の裁定などの取引ルールを決めて、取引の安全を確保した。しかし、そのことは、各市場圏に独自の商習慣が残り、帝国経済全体を束ねるような、取引決済の標準化を促すことはなかった。ヨーロッパの主権国家間システムにおいては、アムステルダムやロンドンのような、多様な遠隔地間の取引をつなげる決済の中心がつくられたが、主権者間の競合を認めない帝国では、政治の中心は明確であっても、取引決済の中心は形成されなかった。清朝の農業帝国は、公権力の中心は明確でも、取引の標準化は進まずに、決済の中心も曖昧であった。

3 ロンドン多角的貿易決済網と「自由」の主張

アヘンの開発

イギリスは、中国の茶葉を求めて東漸したが、ロンドンのシティを中心とする多角的貿易決済網に中国の農業帝国を包摂することを企図した。市場の発達著しい帝国経済を、銀を使わない多角的決済網に包摂すれば、ロンドンのさらなる発展が期待できたからである。しかし、イギリスは、中国の帝国経済の決済中心の曖昧さと、取引の標準化につながらない多様な商習慣の残存に直面した。イギリスが、商習慣を熟知した「公行」（特許商人の組合）の廃止を求めたことは、取引の標準化の遅れと取引コストの高さへの対応を含意した。こうした帝国経済の特徴が、イギリスをして「自由」を主張させる背景であった。イギリスは、中国内の「通商上の障害を除き、併せて幣制度量衡の統一を図らしむる」（佐藤 一九〇三、六八頁）ような、自由を主張したのである。

イギリスは、中国の農業帝国経済に向けて自由貿易を主張する上で、具体的には二つの対応に乗り出した。ひとつは、中国が求めるインド産アヘ

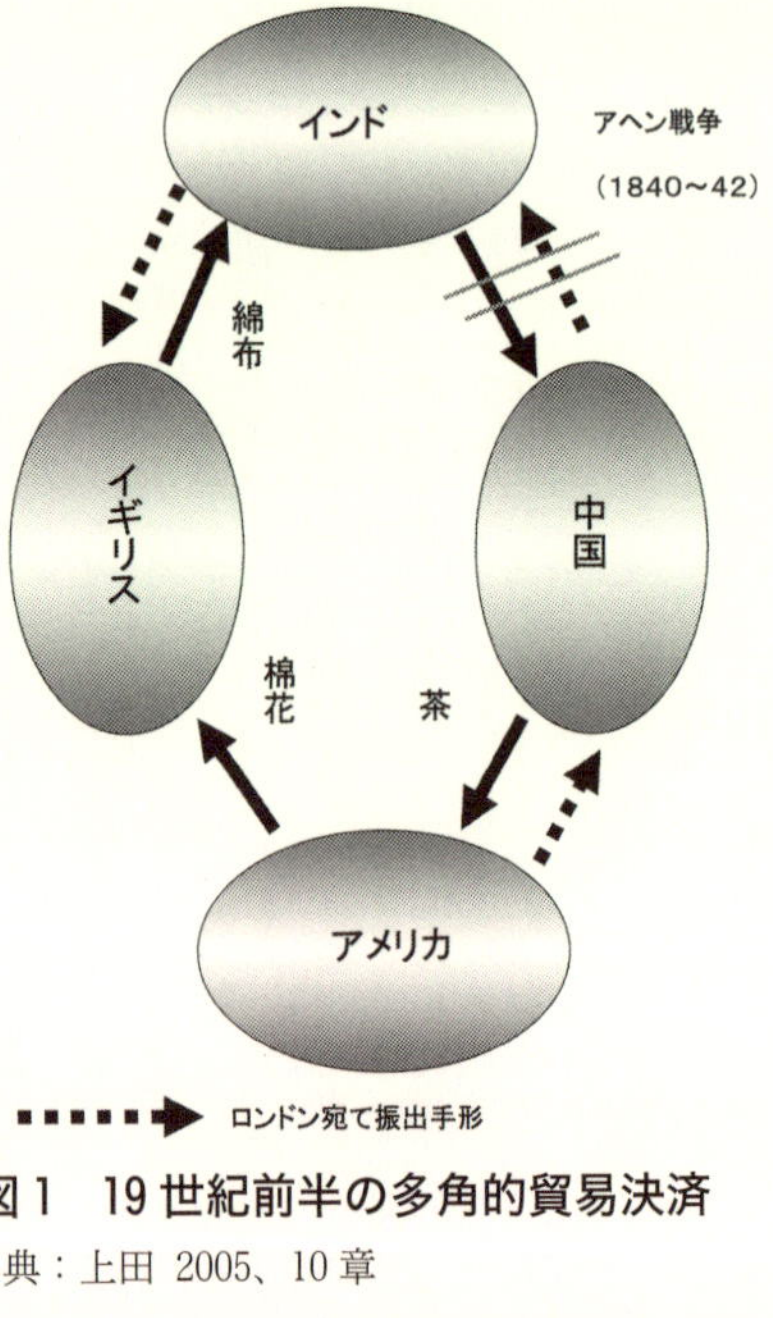

図1　19世紀前半の多角的貿易決済

出典：上田 2005、10章

ンを開発して、帝国経済の片隅に浸透させることであり、もうひとつは、帝国経済そのものに浸透させるのではなく、帝国経済そのものを引き付ける自由貿易港建設などの公共財を提供することであった。アヘンは中国人が求める新しい消費財であり、新しい市場を創造し、帝国経済内に参画した。

図1は、ロンドンを中心とする多角的貿易決済網の事例である。ロンドンを中心とする多角的貿易決済網の「要石は、中国、米国および印度」であり、この決済網の伸張が、東インド会社の独占の解体（一八三三年）も用意した（以上、徳永 一九七六、二八六頁、濱下 一九九〇、一四六－一四七頁、井上ほか 一九九七、四九頁、上田 二〇〇五、四三六頁）。この新しい決済網では、まずアメリカ人商人が、イギリスに向けてのアメリカ棉花販売の債権をもとにロンドン宛の手形（いわゆる「アメリカ手形」）を振り出した。産業革命後のイギリスのアメリカ棉花需要の増加がこの背景にあったが、ロンドン宛に振り出された手形は、ロンドンが世界的な多角的貿易決済の中心として成長するにつれて、その信用が高まった。それゆえ、アメリカ商人はその手形を直接ロンドンへ送って決済するのではなく、中国の広州に持ち込んで、茶葉の購入に使った。そして広州のイギリス人地方貿易商は、アヘン販売で得た銀で、このアメリカ手形を購入し、インドでのアヘン購入に活用した。そして、最後にはイギリスからインドに向けて拡大する輸出に対応して、手形はロンドンで決済された。一九世紀の「英国宛手形は至る所に需要多き」（土子 一八九九、一五一頁）国際的な公共財になっていたのであれば、清朝側のアヘン輸入禁止は、このロンドンの国際決済の中心を脅かすものであるゆえに、英中関係には緊張が生じた。アヘン戦争の勃発は、アヘン取引を重要な環節とする貿易決済網の中心、つまりロンドンの金融的利害を優先したことを背景に

していたのである。「シナ《ママ》に対する阿片の輸入禁止（は―中略）購買者の自由に対する侵害」（ミル一九七一／一八五九、一九二頁）とまで評されたことは、ロンドンの金融利害と深く結びついていたのである。

自由貿易港の建設

イギリスは、アジアの帝国経済を引き付けるような、公共財としての、蒸気船とそれが寄港できる自由貿易港を建設した。大型帆船の時代における遠隔地航行には、海流、風向きといった自然条件を「情報」として確保することが重要であった。しかし、蒸気船の時代には、強力なエンジンが、こうした自然条件からの拘束を弱め、むしろ大型船が寄港できる深さと石炭燃料の補給可能な「良港」の発見と建設が求められた。遠隔地貿易の寄港の拠点が、ボンベイ（もとはゴア、以下同様）、香港（広州）、シンガポール（マラッカ）、横浜（下田）、神戸（大坂）などに移動したことは、それを物語る。そして、ヨーロッパとオリエントを結ぶスエズ運河の開通（一八六九年）は、ヨーロッパとアジアの時間的距離を一挙に縮めたことで、こうした新しい良港の中継機能としての価値を高めた。

そして自由貿易港は、決済の中心が曖昧な帝国経済や、多様な商業ルートが錯綜する東南アジア経済をも、安全な蒸気船の航行を通してそこに収斂させる役割を担った。「商業関係者をして当分のあいだシナ《ママ》への直接貿易のあらゆる観念を捨てさせ、また、彼らをしてその勢力をシンガポールを支持することに集中させるならば、彼らは十倍も得をする」し、「シナ《ママ》人自身がシンガポールにやってきて購買」することを企図させた（信夫一九六八／四三、三四九頁）。そして、「往年半島随一の商港を誇ったマラッカはシンガポールの出現によって華僑に見捨てられ」(成田 一九四二、二七四頁)たと評された。多様な取引が香港とシンガポールに収斂していくことは、多角的貿易の決済の中心であるロンドンの成長を促すことにもなった。

4 東南アジアにおける自由貿易と華僑ネットワーク

コーヒー・砂糖か? 錫・ゴムか?

イギリスは、決済の中心が曖昧な中国の帝国経済に浸透することを企図していたが、同時に中継港をつくり上げた東南アジアにおいては、錫やゴムの第一次産品生産開発に強い関心をよせた。すでに東南アジアでは、オランダが、コーヒーや砂糖などの第一次産品の生産開発に取り組んでいたが、こうした産品はアメリカの新大陸でも生産されることから、ヨーロッパ市場における供給は過多になりやすく、たえず生産数量と価格調整の問題に直面した。他方、イギリスは、東南アジア固有の錫、ゴムなどの第一次産品を欧米に供給した。

オランダは、砂糖生産の技術を有した福建系華僑をジャワでの砂糖生産に活用した。一七一八世紀の長崎と同じく、東南アジアでも「今ヲヽランダの治る所に、漢人の来り寓す」(新井 一九三六/一七一五、五〇―五一頁)と評されたように、オランダ人は福建系華僑のネットワークに依存した。しかし、オランダ勢力は、一七四〇年にはこの福建系労働者を「虐殺」(紅河《バタビア》事件)した。それは、砂糖生産事業における数量調整策としての究極の労働力「削減」を含意した。イギリス領では、華僑の集住の高い都市が見受けられるが、それに比べてオランダ領での都市居住性は分散的であった。こうした華僑の集住性の差異は、ヨーロッパ本国が関与した第一次産品生産の種類と深く関係しながら、華僑にとっての東アジアでの居住安全性を示唆していた。

土地改革か？　アヘン吸引からの徴税か？

イギリスは、中継港の建築をはじめとする東南アジアの植民地経営において、歳入問題に直面した。徴税コストを引き下げる手法として案出したのが、アヘン吸引からの徴税請負制（その後に専売制）であった。シンガポールを自由貿易港とする以上、関税からの歳入は望めず、また地税収入を目的とする土地改革も、土地の「処分権は村落がもって」（浅香 一九四四、六〇頁）いる東南アジアでは困難であった。またイギリスは、香港の領有においても、「澳門《マカオ》を利益せしむるを恐れ」ており、「一切関税の賦課徴収を免ずれば」、「澳門の繁栄を奪い去り」（伊藤 一九〇九、一七九、一八四－一八五頁）うると判断した。

主権国家や植民地政府でも、アジアにおける新しい政治主体にとっては、〈関税・地税・消費税〉は、財政収入面でのレパートリーであったが、自由貿易を強制され、土地改革にも着手できない植民地政府にとっては、アヘン取引からの徴税は重要な財源であった（Trocki 1990, pp. 96–97）。香港も徴税請負制度が、「幾分、新嘉坡《シンガポール》の制度を参酌」（外務省通商局 一九一七、六八頁）して導入された。香港では、専売制に移行してからも「阿片の専売税収入は（中略）香港の収入中最大」（伊藤 一九〇九、一六－一七頁）であった。

広東系華僑との協働

イギリスは海峡植民地における歳入を、華僑に代表される移民労働者のアヘン吸引からの徴税に依存した（白石 二〇〇〇、第三章）。それゆえ追加的に供給される華僑労働者のアヘン吸引が、植民地政府の歳入面において重要であった。なかでも一九世紀のイギリス領の東南アジアに進出した華僑労働者の多くは、義興会（広東省恵州）、海山会（広東省広州）といった広東系の秘密結社を通して供給されたように、広東省のある共通方言の同郷性に裏付けられていた。広東系労働力の移動は、一八四二年に香港が割譲されて以降にも拡大した。イギリスの東南アジアの植民地が、広東系華僑労働者への厳しい移入制限を伴わなかったことは、東南アジアにおける彼らの人口増加による巨大な消費市場を実現させた。

イギリスは、アヘン吸引からの徴税対象を、広東系華僑移民労働者に求めた。つまり、移民労働者（ヒト）が増加すれば、それにあわせて欧米向け第一次産品生産が増え、あわせてアヘン吸引を通した財政収入（カネ）も増加する連関ができあがった。アヘンを含めた消費財（モノ）の供給増加も、消費習慣を熟知した同郷の華僑商人が担うことで、その華僑ネットワークは伸張した。そして、華僑労働者が、東南アジアでの労働収入を郷里に送金（カネ）し、この送金に「移民は有益」という情報を載せるならば、移民労働者（ヒト）の送り出しはいっそう刺激された。

さらにこうした華僑送金は、アジアにおける金本位制の浸透によって円滑化した。金本位制の浸透は、銀貨の廃貨を通して銀貨圏の中国の通貨価値を引き下げた。他方で、東南アジアの植民地通貨は基軸通貨（ポンド）に対して割高な水準に設定され、また固定される傾向にあった（杉原 一九九六、第四章）。植民地の通貨を強くすることは、植民地の対ヨーロッパ本国輸入を促す側面を有したが、あわせて、過去の投資から期待される利子、配当、年金などの、植民地からの毎年の送金を円滑化することに、その目的があった（Cain and Hopkins 2001, ch. 21）。それゆえ、ヨーロッパの政策担当者の意図にかかわらず、こうした植民地の強い通貨は、通貨価値を下げた東アジアへの、華僑の本国送金を促し、あわせて華僑労働者の移動を刺激した。

自由貿易原則を行使しながら東漸したイギリス帝国主義は、広東にある同郷の華僑の移民網（ヒト）、通商網（モノ）、送金網（カネ）、そして通信網（情報）の重なり合う関係的ネットワークの拡張を誘発した（籠谷二〇〇〇、緒論）。広東系華僑ネットワークの伸張が、消費財としてイギリス製品やインド産アヘンを選好すれば、イギリスは関税を引き上げることなく、自由貿易体制そのものに実態を持ち込むことができた。イギリス帝国主義が強制した自由貿易原則は、ヒト、モノ、カネ、そして情報が重なり合う広東系華僑ネットワークに依存しながらアジアに浸透したのである。

近代日本の開港

自由貿易体制は、イギリス近代的帝国主義と華僑ネットワークの相互依存関係によって成立した。東アジアに到達した華僑ネットワークにおいては、なかでも広東系の伸張が著しかった。たとえば、明治初期の長崎では、「広東人は（江戸幕府の公認した—筆者注記）唐館およびその隣接地に足場を持たなかったため、新開の外国人居留地に落ちつき（中略）欧米人の船舶に乗って来崎した」（蒲地一九七五、三頁）のである。そして、伝統的な「唐館」の福建系商人が、「付属外国人」と呼ばれた広東系の参入を懸念して、幕府の貿易規制策に代わる取引規制策を、明治政府に求める動きも現れた。「広東商人〔支那商人の中でも広東人は外国貿易にとりては中々勢力あり、広東は恰も我長崎の如き所で早く外国人と貿易を始めたる港にして〕（中略）はとくに欧化して居りますれば、其取引の活発なる西洋人にも優り」（仁禮一八九五／八九、七七頁）と評された。

そして神戸においても、香港との関係を有する広東系商人が優勢であった。怡和号、裕貞祥、祥隆、晋和祥、同茂泰、利興成などが代表的であった。「神戸居留支那商は各支那商人の為に荷為替を付け、或は自己の名称を用いて西洋銀行に為替を組みます、彼等はこの荷為替金を取らぬ以上は決して貨物の代価を我〔日本人売込商─筆者注記〕に払わざる習慣」（仁禮一八九五／八九、七八頁）であった。神戸における、広東系と福建系の商人のなかで、取引地域ごとの棲み分けがあった。神戸の福建系は、台北（日本）、上海、厦門《アモイ》、マニラ（米）を取引地域としていた。これらは日本とマニラに到着する銀を求めて、一六世紀から移動した閩《びん》南《なん》語を共通言語とする福建系華僑の分布と照合するものである。他方、神戸の広東系華僑の取引は、香港（英）をはじめとして、シンガポール（英）、ジャワ（蘭）、ラングーン（英）などの東南アジアに取引関係を展開した。福建系が、中国沿岸と日本帝国圏（台湾）に深く関わっていたのに対して、広東系は、イギリスをはじめとするヨーロッパ帝国主義圏のなかで通商網を張り巡らす力量を有した。まさに、広東系は、イギリス帝国支配を背景に、移民網、通商網、送金網、通信網の重なり合いを通した関係的ネットワークを形成し、近代日本を包摂したのである。

参考文献

新井白石（一九三六／原著一七一五）、『西洋記聞』岩波文庫。

浅香末起（一九四四）、『大南方経済論』（毎日新聞社編　大南方研究講座）太平洋書館。

井上裕正ほか（一九九七）、『中華帝国の危機―世界の歴史一九』中央公論社。

伊藤武男（一九〇九）、『香港通過商業調査報告書』東京高等商業学校。

岩井茂樹（二〇〇七）、「清代の互市と〝沈黙外交〟」夫馬進編『中国東アジア外交交流史の研究』京都大学学術出版会。

上田信（二〇〇五）、『海と帝国』（中国の歴史　第九巻）講談社。

M・ウェーバー著、世良晃志郎訳（一九六〇）、『支配の社会学　I』創文社。

大橋新太郎編（一八九二）、『支那漫遊実記』博文館。

外務省通商局（一九一七）、『香港事情』啓成社。

籠谷直人（二〇〇〇）、『アジア国際通商秩序と近代日本』名古屋大学出版会。

蒲地典子（一九七六）、「明治初期の長崎華僑」『お茶の水史学』お茶の水女子大学史学科、二〇号。

佐藤顕理（一九〇三）、『貿易事情』博文館。

信夫清三郎（一九六八／初版一九四三）、『ラッフルズ伝』平凡社。

白石隆（二〇〇〇）、『海の帝国―アジアをどう考えるか』中公新書。

杉原薫（一九九六）、『アジア間貿易の形成と構造』ミネルヴァ書房。

S・B・ソウル著、久保田英夫訳（一九八〇）、『イギリス海外貿易の研究』文眞堂。

土子金四郎（一八九九）、『外国為替詳解』有斐閣。

徳永正二郎（一九七六）、『為替と信用』新評論。

成田節男（一九四二）、『増補　華僑史』蛍雪書院。

仁禮敬之（一八九五／口述一八八九）、『清国商話』経済雑誌社。

濱下武志（一九九〇）、『近代中国の国際的契機―朝貢貿易システムと近代アジア』東京大学出版会。

K・ポランニー著（一九四四）、吉沢英成ほか訳（一九七五）、『大転換―市場経済の形成と崩壊』東洋経済新報社。

J・S・ミル著（一八五九）、塩尻公明・木村健康訳（一九七一）、『自由論』岩波文庫。

Cain, P. J. and Hopkins, A. G., 2001, *British Imperialism 1688–2000*, 2nd. edn., Longman.

Skinner, William G., ed., 1977, *The City in Late Imperial China*, Stanford University Press.

Trocki, Carl A., 1990, *Opium and Empire: Chinese Society in Colonial Singapore, 1800–1910*, Cornell University Press.

Wong, Bin R., 1997, *China Transformed: Historical Change and the Limiis of European Experience*, Cornell University Press.

第七章　銀の世界

――貨幣と一六世紀以降のグローバル経済

城山　智子

1　はじめに

一九九〇年代以降、財やサービスの取引のみならず資本移動の規模の拡大によって、各国・各地域経済の相互依存・「グローバル化」は加速的に深化しつつある。そうしたなかでも、日本のみならず、世界各地の多くの人々に注目されているのは、カネの移動、すなわち、モノやヒトの国境を越えた移動に伴う決済の増加と、海外直接投資の拡大であると考えられる。たとえば、一九九七年のタイのバーツ危機に端を発したアジア経済危機に際しては、海外投資家が域内各国の通貨・金融システムに及ぼす影響力が問題視され、また、よりマクロなレベルでは、経済発展のための資金を短期性の海外資金に依存することによる脆弱性が議論された（寺西ほか 二〇〇七）。人々が、グローバルな資金移動の拡大に、ある種の危機感を覚えながら対峙していることを背景として、各国経済に大きな影響を与える可能性のある新しいアクター(たとえばグローバル金融資本)を、政府が管理・規制するべきであるとの主張は、時として大きな支持を集めうる(ジェイムズ 二〇〇二)。しかし、同時に、第二章で詳述されているように、二〇〇二年にヨーロッパ各国のあいだで域内通貨ユーロが導入されて以降、最近になってアジア諸国でも域内共通通貨単位の導入や債券・資本市場整備の可能性が検討されるなど、国境を越えた資金移動と経済の相互依存をより活性化させようとする動きも、世界各地で進みつつある(Nasution 2005)。

こうした現代社会における通貨・金融をめぐる、市場と政府、あるいは、国家と地域とのあいだでの対抗関係と、それに関するさまざまな議論を念頭に置きつつ、もう一度、世界経済の展開を数百年という時間幅で振り返ってみたとき、各地域経済間の密接な相互依存関係は、必ずしも新奇な現象ではなく、過去にも人々の意識にのぼっていたことに気づく。たとえば一六世紀以降、銀を共通の媒介として、アジア、南北アメリカ、ヨーロッパを含む広域交易圏が形成された。そこでは、各地の商人が関与して多様な商品が取引され、その結果、複数の形状の銀が移動した。このグローバル経済のプロト・タイプとも捉えられる事象を、ここでは「銀の世界」と呼ぶ。なかでも中国は、銀を主要な価値の尺度と交易の媒介とする銀遣い圏として、一六世紀以降の世界的な銀流通を大きく左右するとともに、一九世紀以降、各国政府がそれぞれ独自に通貨を発行するようになっても、広域に流通する貴金属である銀に通貨の価値基準を置く銀本位制をとり続けた。銀を介して、世界各地の経済はどのように連関していたのか。そうしたなかで形成された中国の通貨・金融システムは、いかなる特徴を持ち、そして機能したのか。本章では、「銀の世界」の歴史的展開から、グローバル経済の下での通貨と金融について考えてみたい。

2　前近代の世界貿易と銀流通、一六世紀―一八世紀

一六世紀から一八世紀にかけて、銀は、生産地である日本・中南米と消費地であるインド・中国を、ヨーロッパやアジアの商人が取り結んで流通していた（図1）。

一六世紀の、日本と中南米における銀の大量生産の開始こそが、「銀の世界」成立の画期となった。二〇〇七年に世界遺産に登録された島根県の石見銀山は、当時の日本の銀生産の中心地であった。『銀山旧記』と呼ばれる由来記によれば、博多商人の神屋寿禎《かみやじゅてい》が石見銀山を発見したのは、一五二六年のことである。当初、神屋は、石見で採掘した銀鉱石を船で博多経由朝鮮に運び、精錬していた。朝鮮半島では、灰吹法《はいふきほう》という銀と鉛の混合物を高熱で加熱する方法が定着しており、作業の効率と銀の回収率が高かったためである。しかし、発見から七年後の一五三三年には、朝鮮から技術者を連れてきて、銀山現地で灰吹法による精製を行うことにより、輸送コストを削減すると同時に、銀生産量の飛躍的な増加を達成した（村井 一九九七）。

日本の銀は、生糸、絹製品を中心に、陶器、書籍などの多様な輸入品の対価として中国に送られた。その流通の経路と担い手は多様であった。公式には、中国の明朝は一三七二年から一五六七年まで海禁政策をとり、外国との海上交易を禁止していた。しかし、一五四〇年頃から、中国沿海部の浙江、福建、広東省の商人たちが、禁を破って、九州沿岸で中国の特産品と日本の銀との交易を行い始めた（Atwell

1982)。この、中国と日本とのあいだの密貿易には、すでに一五世紀前半から香辛料を求めてアジア地域で活動していたポルトガル商人や、後には、オランダ商人も参入した。厳格な貿易統制の下で、逆に、密輸の横行や倭寇による略奪など負の作用が大きくなったことから、一五六七年、明朝は海禁政策を緩和し、中国南部からヴェトナム・マラッカ方面に向かう西洋航路と、中国から台湾・フィリピンを経てブルネイ方面に向かう東洋航路について対外交易を認めた。しかし、日本との交易は依然として厳禁されたままであったため、日本と中国との交易は、従来からの両国を直接結ぶ密貿易に加えて、フィリピン、台湾、ヴェトナムの港湾都市を迂回した貿易ルートを通じて行われた(上田 二〇〇五)。密貿易・間接貿易という性格もあって、日本から中国への銀輸出量を正確に算出することは難しいが、一六世紀後半から一七世紀前半にかけては、年間六〇トン余の銀

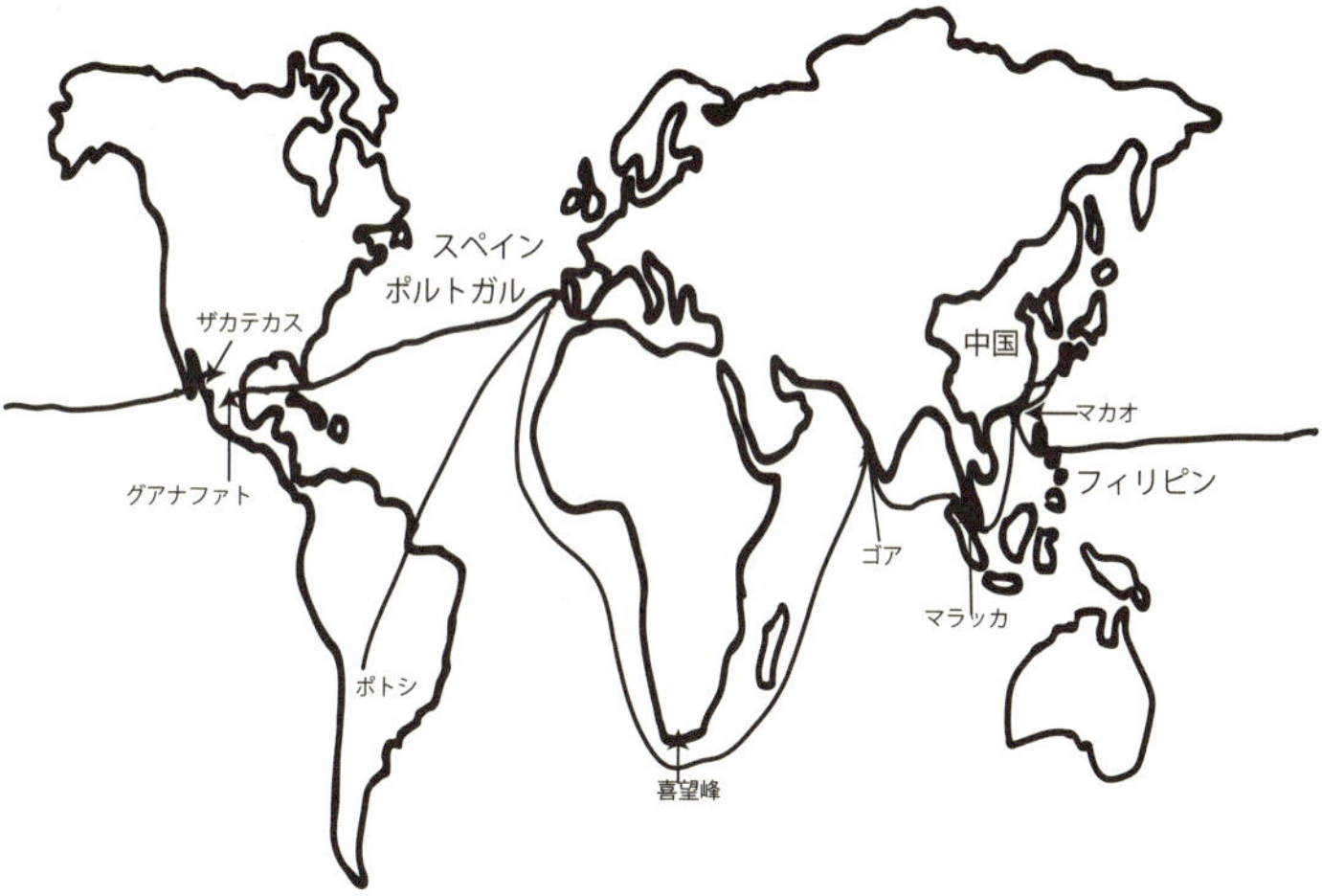

図1　16世紀後半　世界の銀流通

が日本から東アジア・東南アジアへ輸出されていたと推計されている(de Vries 2003)。一七世紀に入ると、日本の銀鉱は枯渇し始めた。一七世紀末までには、主要な輸出港であった長崎からの日本の銀輸出はほぼ途絶し、薩摩－琉球経由や対馬－朝鮮経由での輸出も一八世紀半ばには終焉を迎えた(Lin 2006)。

南米の銀生産中心地である、現ボリビア(当時はアルト・ペルー〔高地ペルー〕と呼ばれた地域)のポトシ銀山は、石見銀山とほぼ同時期の一五四五年に発見された。ポトシ銀山では、水銀アマルガム法という銀抽出法が導入され、低品位の鉱石からも銀を抽出することが可能になり、生産コストの低減と産出量の増加を同時に達成した(上田二〇〇五)。一六世紀後半から一七世紀にかけて、ポトシ銀山は、世界の銀産出量の六〇パーセントを占めたとされている(Flynn and Giráldez 1995)。

南米からの銀は、主に二つのルートをたどってアジアへ輸出された。ひとつは、メキシコのアカプルコからフィリピンのマニラ経由で中国へ到達する太平洋ルートであった。スペインが一五七一年に建設したマニラは、銀と生糸との間の交易を主要な産業とする都市であった。スペイン人が入植する以前から、福建省を中心とする中国の東南沿岸部の商人はフィリピンに拠点を築いていた。スペイン商人たちは、マニラで、ペルー産およびメキシコ産の銀で、中国商人から生糸や絹製品、陶器などを購入して帰還した。フィリピン経由で中国に流入した銀は、一七世紀初頭には、年間五〇トンにのぼった(Flynn and Giráldez 1995)。もうひとつは、南米から、ヨーロッパを経由し、アフリカの喜望峰を回ってインド洋に入り、最終的には中国まで至る喜望峰ルートである。一六世紀に、このルートで交易を行っていたのは、ポルトガル商人であった。銀を搭載した船は、喜望峰経由で、インドのゴアに到着すると、まず、ヨーロッパ産品や銀を積み下ろし、一方で、地中海や中東経由でインドに流れ込んだ銀をさらに積み込んで、マラッカ、次いでマカオに向かう。そこで、銀と交換に、日本、インド、中東、そして西ヨーロッパ向けに売りさばく中国産品を買い付けるのである。一七世紀に入ると、ヨーロッパの特許会社が、喜望峰ルートの主要なアクターとなる。一七二五年から一七五〇年の間に、イギリス、オランダ、フランス、デンマーク、スウェーデン、プロシャが、アジア地域に持ち込んだ銀は、年間平均一六〇トンにのぼった (de Vries 2003)。

3　中華帝国の貨幣システム

海外から中国に流入した銀の大部分は、貨幣として流通した。中国の貨幣制度が、銀にリンクしていく歴史的過程は、市場が選好する価値尺度と取引手段を歴代王朝が事後的に認めていったと捉えることができる。古代中国王朝は、銅や黄銅を原料として銅銭を鋳造し、財政政策も通貨政策も銅銭を単位として運営されていた。しかし、宋（九七九―一二七九年）以降、市場取引の拡大に伴って、銅銭を基礎とする通貨システムを維持することが困難になり始めた。南宋（一一二七―一二七九年）では、紙幣を発行し、通貨供給の流動性と税収の確保に努め、宋に続く元朝（一二七九―一三六七年）は、一切の硬貨の使用を禁止し、紙幣のみを貨幣とするという政策を行おうとした。しかし、元朝が紙幣の銀への兌換を停止すると同時に、紙幣の価値は大きく下がり、実質的な購買力を失っていった。明朝（一三六八―一六四四年）

も不換紙幣の発行を試みたが、逆に人々は銀を退蔵し、また、取引では銀が要求されるようになった。一五世紀の末には、不換紙幣の不成功は明らかであった（von Glahn 2003）。

一六世紀の半ばから、日本と中南米で生産された銀が、生糸、絹織物、陶器や茶といった産品の対価として中国に大量に流れ込むと、銀は、取引の手段としても、価値の保存の手段としても、貨幣システムの基軸となっていった。銀流通への政府の不介入は、中華帝国の貨幣制度の重要な特徴のひとつである。明朝に続く清朝（一六四四―一九一一年）では、海外との貿易は、政治的な交渉は行わないという合意の下で、江蘇、浙江、福建、広東の沿海部の定められた地点において売買を行い、かつ税を納めることを定めた、互市という交易システムによって管理されていた（上田二〇〇五）。しかし、商品と銀の取引自体には制限は設けられず、清朝政府が、海外とのあいだでの銀流入出量をコントロールすることはなかった。また、国内に流入した銀も、民間の業者によって、銀塊に鋳造されて流通した（Lin 2006）。一七七〇年代中頃からは、スペインがメキシコで鋳造した銀貨、カルロス・ドルが、大量に流入し始めた。品位と重量が一定しており、取扱いが便利なカルロス・ドルは、対外貿易の窓口であった福建、広東から、揚子江デルタ地帯を含む地域で、銀塊にかわって幅広く流通するに至った（von Glahn 2003）。

清朝統治下では、政府による課税が銀建てであったのに加えて、一八世紀末までには、高額取引と遠距離交易に際しては、ほぼ全国で銀が用いられるようになった。一方、日常の小口売買や一定の地域内での取引では、銅銭が使われ続けた。清朝政府は、銀流通への不介入とは対照的に、銅銭の流通には大きな役割を果たした。銅銭は、北京にある中央政府が管轄する二カ所の鋳造所と、地方政府が管轄する二〇余りの鋳造所でつくられ、兵士への俸給などからなる政府支出を通じて、市場に放出された。清朝成立の三年後（一六四七年）に定められた公定レートでは、銅銭千文が銀一両に当たるとされていたが、実際には、銅銭と銀の交換レートは、それぞれの貨幣の需給によって市場で決まった（Lin 2006）。こうした銀銅比価の変動においては、銀セクターの供給量が海外との取引関係によって決定されたのに対して、清朝政府は銅セクターに対しては、一定の影響力を行使することができた。そして、一般民衆が、納税と長距離交易品の購入に際しては銀を必要とし、同時に、日常の売買や俸給の受領に際しては銅を使用するといったように、銀・銅両セクターに関わっているという状況下では、銀と銅の交換レートの変動が一定範囲内であることは、社会経済の安定と関係して、きわめて重要であった。

4　最初の危機――アヘン戦争前後

中華帝国の貨幣制度が円滑に機能するには、銀が海外から恒常的に供給されること、少なくとも急速に減少しないことが、前提であった。実際に、一六世紀から一八世紀までの全期間を通じて、中国産品への世界的な需要によって、中国の対外貿易は顕著な輸出超過であり、大量の銀が流入した。同時に、好況によって貨幣需要が拡大したため、中国国内の銀の価値が世界の他地域よりも高くなる傾向が長期にわたって続き、銀の流入が促された。

しかし、一八〇八年から一八五六年まで、一転して、海外へ大量の銀が流出し、中国は深刻な危機に直面することとなった。「銀の世界」のどのような変化が、こうした事態を招いたのであろうか。まず、それまで、茶をはじめとする中国からの輸入を銀で決済していたイギリスが、銀にかわる手段としてインド産アヘンの輸出を増やしたことが挙げられる。アヘンの輸入量が増えても、輸出が、それ以上に伸びていれば、銀が中国から流出することはなかったであろう。しかし、この時期、中国の主要産品である茶と生糸の輸出は不振であり、輸入超過を銀で決済する必要に迫られた。さらに、一八一〇年代から三〇年代にかけて、南アメリカで独立運動が相次いだため、銀の供給が落ち込み、その価値が高騰したことも、中国からの銀流出の一因であった。銀の流出は、それ自体が市場に流通する貨幣供給量の減少を意味し、経済全体に深刻な影響を及ぼすが、当時の官僚や知識人たちがより大きな危機感を抱いたのは、銀の銅に対する比価の高騰であった。一八〇八年から、銅銭と銀の交換レートは、一両＝一〇〇〇文の公定レートを超え、一八〇八年から五六年までを通じて、二五〇パーセント上昇した。急激な銀の銅に対する価値の上昇によって、銅銭での売買から収入を得ている中小商人や俸給生活者にとって、銀建てでの納税や債務の負担は必然的に大きく増加した。社会不安の広がりを恐れて、清朝政府は、銅銭の供給量を抑えたが、銀の相対的価値の上昇に歯止めを掛けることはできなかった。結局、銀流出の三つの原因のうち、外来アヘンの取締まりに着手し、イギリスとの間での軍事的対立（アヘン戦争一八四〇—四二年）に至る。銀流出は社会経済に深刻な影響を及ぼしたが、清朝政府は銀の移動を制御することは、できなかったのである（Lin 2006）。

5　金のなかの銀

一九世紀半ばから、世界的な銀供給が回復すると、中国・インドを中心とするアジアに銀が再び流入し始めた。しかし、中国と銀を媒介とする交易圏をめぐる世界的な状況は、大きく変化しつつあった。カリフォルニアとオーストラリアで金鉱が発見され、金の生産量が増加したことから、一八六〇年代から七〇年代にかけて、ヨーロッパ諸国でそれまでの金銀複本位制から、金本位制への移行が進んだ。続いて、アメリカや日本も金本位制をとるようになり、また、欧米の宗主国と深い経済関係を有するその世界各地の植民地も、本国の幣制にならって貨幣制度を改めた。金を媒介とした国際通貨システムが形成されていくなかで、中国は、銀を貨幣価値の基準とし、銀地金の価値に基づいてさまざまな形状の銀塊・銀貨が流通するシステムをとり続けた。すでに見てきたように、歴史的に、中国では貨幣への信認、すなわち、支払い目的および価格表示目的の両方で現状の価値のまま取引相手に受領されると考える根拠は、銀地金によって担保されてきた。貨幣への信認は、二〇世紀初頭の中国では、きわめて重要な問題であった。一九一一年の清朝終焉後、各地で軍閥や財政基盤の弱い地方政府が乱立し、財政拡張を目的として、必ずしも十分な通貨準備金の裏付けのない紙幣の発行を繰り返し試みるという状況の下では、紙幣の兌換要求は、政治権力の不当な通貨制度の操作を防ぐ重要な手段であった (Shiroyama 2008)。

金本位を主とする国際通貨システムのなかで、銀本位をとる中国は、特殊ではあったが、孤立してはいなかった。このことは、一九世紀半ばの開港以降、中国経済が世界経済とより密接に結びついていったのと、表裏の関係にもある。ヨーロッパ商人とともにアジア地域にも進出し、中国の各開港場およびアジアの交易中心地と世界各地を結ぶ支店網を形成しつつあった外国銀行が、モノやヒトの国境を越えた移動に伴う決済や資金の移動に必要な、金本位通貨の為替と銀建ての中国の貨幣を交換する業務を提供した。金本位制をとる二つの国のあいだであれば、両国の硬貨の金の含有量に応じて、二つの通貨の平価（比価）は固定されている。銀を貨幣として使用していた中国と、他の金本位制をとる国々とのあいだには、そのような固定した比価は存在しない。各国の金本位制への移行が進む一九世紀半ば以降、銀は中国では貨幣であっても、他の地域では一商品となり、主にロンドンとニューヨークの二大取引市場で売買された。ロンドン・ニューヨーク銀市場での国際銀価の変動とともに、中国両（銀塊）・元（硬貨）のイギリス・ポンドやアメリカ・ドルに対する比価は動く。取引を仲介する外国銀行は、常に、国際銀価格を注視して為替を売買し、銀の輸送にかかる諸経費を差し引いても採算が合うならば、銀を輸出入した（Spalding 1928）。

一八九〇年から一九三〇年までのあいだ、大量の銀が中国に流入した。同時期、中国の貿易収支は入超であったが、華僑送金や外国からの投資・借款といった貿易外の資金の移動が、入超分を上回ったため、銀が流入したと考えられた。また、世界的な銀に対する貨幣需要の減少に対して、銀の供給量は減少しなかったことから、第一次世界大戦期に、貴金属への戦時需要が高まった時期を除いて、国際銀価は漸落した。国際銀価の下落に中国貨幣のレートも追随するが、中国の貨幣需要が高かった場合は、国内の銀の価値と海外とのあいだにラグが生じ、採算が合う限り銀が輸入されることになる。金の世界にあって、中国へは、再び銀が流入したのである(Shiroyama 2008)。

6 二度目の危機――大恐慌

一九二九年の大恐慌の衝撃を受けて、国際通貨システムは大きな転機を迎えた。深刻な不況からの脱却を目指す過程で、各国は通貨の価値を一定量の金に結びつけ、紙幣と金との兌換を保証していた金本位制を離れ、自国の通貨を切り下げた。一九三一年九月にイギリスが金本位を離脱しポンドを切り下げたのに続いて、その植民地であるインドと海峡植民地が、そして同年一二月には日本も金兌換を停止した。そして、一九三三年三月にはアメリカも金本位制を停止した。各国の通貨システムを結びつけていた金本位制の終焉は、銀本位制をとっていた中国にも大きな影響を与えた。各国の通貨切り下げと景気拡大政策によって世界的に銀価が上昇すると、中国元の為替レートも引き上げられた。結果として、輸出が停滞する一方、華僑送金や海外からの投資は減少したため、貿易赤字は貿易外収支の黒字で相殺されず、一九三二年以降、国外へ現銀の流出が始まり、同時に、国内の物価も下落した。

一九三四年六月一九日にアメリカが公布した銀買い上げ法は、中国経済の不況をいっそう深刻化した。政府が銀を買い上げるとする法令は、アメリカ国内の銀産出地域の要請を受け、不況対策の一環として銀の値段を吊り上げることを目的としていた。しかし、アメリカ政府は銀の大部分を市場で買い付けたため、国際市場の銀価格は高騰し、銀本位制下にあった中国の通貨・金融システムに大きな打撃を与えた。アメリカの法令公布直後から、大量の銀が中国から流出し始めた。一九三四年六月以降、中国から大量の銀が流出した主要な原因のひとつは、中国国内の個人や企業が、もし、銀価が大幅に上がるならば、中国政府は元を切り下げるか銀輸出を禁止するであろうと予測して、外国為替を購入し、資金を海外に逃避させたことであった。中国元のイギリス・ポンドやアメリカ・ドルに対する平価は、ロンドン・ニューヨーク市場の銀価とともに動く。しかし、上海金融市場では、外国為替に対する需要が大きかったことから、元の為替レートは平価を下回った。こうした上海における相対的な元安・ポンドおよびドル高という状況下では、中国から海外への現銀の輸出によって、大きな利益を上げることができる。実際に、一九三四年八月以降、為替レートと平価の乖離が進むと、大量の銀輸出が行われ始めた。そこでは、政府は元切り下げの圧力を受ける一方、市場では、切り下げへの不安と通貨と金融政策に関する見通しが立たないことから、いっそうの資本逃避が行われていった。現銀の流出が進行するなかで、金融機関は、貸し出しを引き締め、一方、一般市民も預金の引き出しと銀の退蔵を行った。上海金融市場は、きわめて逼迫した状況に陥っていった。

一九三四年から三五年にかけての通貨・金融危機の同時進行は、銀と外国為替の自由な売買を柱とする通貨供給のシステムが、深刻な危機を招きうることを明らかにしていたが、同時にそうした既存のシステムの欠陥に関する認識が、直ちに政府による通貨管理への支持に結びついてはいないことも示していた。こうした市場との対応関係の下で、新たに政府が発行・管理する通貨に対して、いかに信認を獲得するかが、幣制改革を立案・施行していく際の命題となっていた。

一九三五年一一月三日、中国政府財政部は幣制改革の施行を発表し、世界恐慌発生以来の国際市場における銀価格の変動が、中国経済に深刻な危機をもたらしたことに鑑みて、政府は経済復興を達成するために通貨準備を確保し、貨幣・金融の恒久的な安定を図ると宣言した。同時に、一九三五年一一月四日以降、中央・中国・交通の政府系三銀行が発行する紙幣をもって法幣とすること、三銀行以外の銀行が発行していた紙幣は法幣によって回収すること、銀貨・地金等は、その銀含有量に応じて法幣と兌換されること、そして、法幣の対外為替相場を現行のレートで安定させるために、中央・中国・交通の三銀行は、無制限に外国為替の売買に応じること、が発表された。しかし、この時点で、法幣が一般市民に受容され、新しい通貨システムが機能するか否かが、政府にとってさえも不明であった。当時の上海銀行界の中心人物であった、陳光甫（上海商業儲備銀行総経理）や張公権（前中国銀行総経理）らは、通貨システムの改革を進める上で、銀にかえて外貨によって法幣の価値を担保すること、すなわち、法幣の外貨への兌換を維持しつつ、為替レートを一定に保つことが、きわめて重要であったと指摘している。中国政府による為替レートのコントロールに関して注目されるのは、当時の中国金融市場では外国為替管理がなされていなかったことである。通貨の安定性に不安を覚えるならば、誰でも市場で元を売り、外貨にかえることができた。外貨管理がなされない条件下で、一定の為替レートを維持するには、政府系銀行が為替基金を用意し、常に外貨の売り買いに応じることが求められる。実際に、まず幣制改革の直後の一一月一一日には、米ドル一二五万ドル相当の元が市場で大きく売り進まれたが、政府は、手持ちの三〇〇〇万ドルを使って買い支えた。以後、数次にわたるアメリカへの銀の売却によって、中国は一九三七年までに一億ドルの外貨を獲得した。その間、広東・広西の政治不安（一九三六年五月）や西安事変（同年一二月）の際などは、政情への不安を反映して元売りが進んだ。しかし、政府系銀行は、これらの危機に際しても、外貨基金によって為替相場のターゲットを維持することによって、法幣に対する信認を高めることができた。

新しい通貨システムを運営するには、国内的には、財政・金融政策との協調が求められた。財源確保の目的での紙幣の増発は、避けられなければならなかった。そのためには、中央銀行の独立をはじめとする金融制度の整備、そして支出の引締めと財政均衡の達成が必要であることが、政府内部でも認識されていた。政府が、対外的に開かれた金融市場において、通貨を介して市場と対峙している限り、その財政・金融上の裁量権は制限されなければならなかったのである（城山二〇〇六）。

7　おわりに――銀の世界から見えてくるもの

本章では、一六世紀から二〇世紀半ばまでのあいだの、銀を取引の媒介とした広域交易を見てきた。「銀の世界」の歴史的展開から、二一世紀のグローバル経済について考える上で、どのようなヒントを引き出すことができるのであろうか。

一六世紀以降、欧米のアジア特産品に対する需要と、アジアの銀に対する需要を連関させて、ユーラシア大陸の両端とアメリカ大陸を結ぶグローバルな交易が行われるようになった。そこでは、生産地の技術、消費者の嗜好、生産と輸送にかかるコストなどの情報が取引の参加者のあいだで共有され、流通する商品の価格と量は需給の変動に伴って変化した。フィリピンのマニラなど、交易ルートのいくつかの拠点は、商品と銀が直接出合う場であり、多地域経済間の連鎖を具現していた。主要な商品であった生糸や絹製品、陶器などは、生活に直接関係のない奢侈品であったとして、当時のアジアとヨーロッパ、アメリカ大陸間の交易の重要性を疑問視する議論もある(ウォーラーステイン 一九八二)。しかし、商品の対価としてアジアに流入した銀は、貨幣として流通し、経済全体に多大な影響を及ぼした。このように、長期にわたって、物流だけではなく、情報と資金の流れを維持するシステムを備えていたという意味で、一六世紀以降の銀の世界は、グローバル経済の原型を成していたと捉えることができる。

四〇〇年余りのあいだ、中国の海禁や日本の鎖国など、各地域・時代の政治権力が、対外経済関係を規制した例は多い。二〇世紀に入ってからも、大恐慌後から冷戦終焉まで、世界的に貿易や資金の流れ、人の移動は、厳しく制限された。一方で、遠隔地間の需給を結びつける取引は、時として「密輸」に分類されるものを含みながら継続してきた。そこでは、規制の実効性が問われると同時に、規制の対象や範囲が政策目標の変更に伴って変化することが注目される。歴史的に見られる国家・政府による規制の変遷は、グローバルな取引ネットワークに関する制度設計の多様な可能性を示唆している。

中国は、銀を媒介とした交易の中心として機能していた。中国の特産品に対する世界的な需要に応えることによって、銀が流入し、また、流入した銀によって中国経済が活性化されるという連鎖は、グローバル経済の統合と中国経済の発展とを結ぶダイナミズムの核であった。しかし、対外的に開放的な貨幣・金融システムは、銀の流出を制御する手段を持たず、一九世紀の初頭と一九三〇年代には、深刻な危機に陥った。システムに内在するリスクにもかかわらず、中国社会は、簡単に銀本位制を離れることはなかった。長期にわたって貨幣への信認は銀によって担保されてきており、政府による専横な通貨・金融システムへの介入を防ぐ手段ともなっていたためである。こうした、銀本位制の記憶と経験は、一九三五年の幣制改革以降も、外国為替市場の開放と法幣の兌換性の維持によって引き継がれた。越境する取引ネットワークが伸張するなかで、新たな通貨システムの形成をめぐる市場と国家との相互関係が、現状においても再び課題とされている（コーヘン 二〇〇〇）。銀の世界と中国の経験は、この問題をグローバル経済のより長期的な展開のなかで検討する視座を提供しているのである。

参考文献

上田信（二〇〇五）、『海と帝国―明清時代』講談社。

I・ウォーラーステイン（一九八一）、『近代世界システム―農業資本主義と「ヨーロッパ世界経済」の成立』岩波書店。

B・J・コーヘン著、本山美彦・宮崎真紀訳（二〇〇〇）、『通貨の地理学―通貨のグローバリゼーションが生む国際関係』シュプリンガーフェアラーク東京。

H・ジェイムズ著、高遠裕子訳（二〇〇二）、『グローバリゼーションの終焉―大恐慌からの教訓』日本経済新聞社。

城山智子（二〇〇六）、「一九三〇年代の中国と国際通貨システム―一九三五年幣制改革の対外的・国内的意義と影響に関する一考察」『国際政治』第一四六号、八八―一〇二頁。

寺西重郎・福田慎一・奥田英信・三重野文晴編（二〇〇七）、『アジアの経済発展と金融システム』東洋経済新報社。

村井章介（一九九七）、『国境を越えて—東アジア海域世界の中世』校倉書房。

Atwell, William S., 1982, 'International Bullion Flows and the Chinese Economy, circa 1530–1650,' *Past and Present,* XC, pp. 68–90.

de Vries, Jan, 2003, 'Connecting Europe and Asia: A Quantitative Analysis of the Cape-route Trade, 1497–1795,' in Flynn, Giráldez and von Glahn, Richard, eds., *Global Connections and Monetary History, 1470–1800*, pp. 35–106.

Flynn, Dennis O. and Giráldez, Arturo, 1995, 'Born with a Silver Spoon: the Origin of World Trade in 1571,' *Journal of World History*, VI, no. 2, pp. 201–221.

Lin, Man-houng, 2006, *China Upside Down: Currency, Society, and Ideologies, 1808–1856*, Harvard University Asia Center.

Nasution, Anwar, 2005, 'Monetary cooperation in East Asia,' *Journal of Asian Economics*, Vol. 16, pp. 422–442.

Shiroyama, Tomoko, 2008, *China during the Great Depression: Market, State, and the World Economy, 1929–1937*, Harvard University Asia Center.

Spalding, William F., 1928, *Foreign Exchange and Foreign Bills: In Theory and In Practice*, Pitman & Sons.

von Glahn, Richard, 2003, 'Money Use in China and Changing Patterns of Global Trade in Monetary Metals, 1500-1800,' in Flynn, Dennis O., Giráldez, Arturo and von Glahn, Richard, eds., *Global Connections and Monetary History, 1470–1800,* Ashgate, pp. 187–206.

第八章　国際保健の誕生
――一九世紀におけるコレラ・パンデミックと検疫問題

脇村　孝平

1　はじめに

二〇〇二年の冬から翌年にかけて新聞をにぎわしたのは、SARS（重症急性呼吸器症候群）であった。中国の南部を発生地として香港、台湾、シンガポール、ヴェトナムといった近隣地域、遠くはカナダ、アメリカ、ヨーロッパにまで感染が拡がった。累計で八一二人の死者を数えて翌年の夏には終息した。結果的にはWHOなどのサーベイランス活動が功を奏したこともあって、SARSの恐怖を封じ込めることに成功した（本書第四章を参照）。

現在、危険性が取り沙汰されているのは新型インフルエンザである。新型インフルエンザは、通常のインフルエンザとは異なり、その衝撃力は想像を超えるものがある。一九一八年のスペイン風邪はまぎれもなく新型インフルエンザであった。このとき全世界で四〇〇〇万人近くの死者が出たと推定されている。鳥インフルエンザが注目されているのも、新型インフルエンザにつながる可能性が懸念されているからにほかならない。

このような状況のなかで、感染者の移動を監視し管理する、検疫のような古典的な公衆衛生の手法が改めて脚光を浴びている。検疫というと、一般の人々に馴染み深いのは、海外旅行からの帰国の際、空港で身体の異常がないかどうかを確認する一枚の黄色い用紙であろう。特に熱帯地域からの航空便の場合には、この用紙への記載は半ば義務付けられる。もしも何らかの伝染病が流行している地域から帰還した場合であれば、一人ひとりへのもっと念入りな質問がなされることもあるだろう。もし、その病気に特徴的な症状が見られる場合には、指定された病院へ直行させられるということもありうる。

検疫（以下では、もっぱら海事検疫について論ずる）という制度の起源は、一四世紀以降に黒死病（ペスト）に苦しめられた地中海地域に求められる。そもそも、「検疫」（quarantine）ということば自体が、この時代に行われた停船検疫の期間、すなわち「四〇日間」ということから発している。しかしながら、今日に直接的につながる検疫制度の起源は、一九世紀後半に遡るほうが適当であろう。検疫という制度は、それぞれの国家が履行主体ではあるけれども、いわば世界標準というものが存在し、各国がそれに従うというのが一般的となっている。一九世紀後半に遡るというのは、このような世界標準を形成しようとする試みがこの時期に始まったということを指している。その直接的な契機は、一九世紀にいく度か繰り返したコレラの世界的流行（以下、パンデミック pandemic と呼称する）にある。このコレラのパンデミックに対処するために、一九世紀半ば以降しばしば開かれた国際衛生会議（International Sanitary Conference）を通して、世界標準が少しずつ形成されていった。しかしながら、その歩みは一直線ではなく、紆余曲折を経たものだった。どちらかというと、一九世紀に限るならば、国際衛生会議の歴史は「失敗の歴史であった」とさえいいうるであろう。本章では、グローバル・ガバナンスという視点から、この会議について論じたいと思う。

一般的には、国際保健（international health）の起源を、国際連盟保健機構（The League of Nations Health Organization）などが生まれた二〇世紀の戦間期に求めるのが妥当なところであろう。したがって、本章で取り扱う一九世紀後半の経験は、その前史というべき位置にある。だが、本書の主題であるグローバル・ガバナンスを考える上において、この一九世紀の経験は、より多くの教訓に満ちている。

2　一九世紀のインド洋とコレラのパンデミック

一九世紀のインドは、さまざまな疫病に見舞われた。コレラ、天然痘、ペスト、マラリアなどが、大量の人的被害をもたらした。特にコレラによる被害は甚大で、一九世紀のインドでは数千万人規模の死者は下らないと推定される。コレラが特筆されるのは、インドを発生源として数度にわたってパンデミックを引き起こしたことである。一九世紀だけで、六度のパンデミックが起こっている（**表1**）。一九世紀にコレラのパンデミックがなぜ起こったのかは簡単に説明できることではないけれども、インドがイギリスによる植民地化によって、交易・人の移動などを通じてグローバル化の洗礼を受けたことと深く関

表1　19世紀のコレラ・パンデミック

第1次	1817-1824	インド、東南アジア、中国、日本、中東、ロシア、東アフリカ
第2次	1829-1837	インド、中東、ロシア、ヨーロッパ、北アメリカ、西インド諸島、ラテンアメリカ、東アフリカ、北アフリカ
第3次	1840-1860	インド、アフガニスタン、中国、中東、中央アジア、ヨーロッパ、北アメリカ、ラテンアメリカ、北アフリカ
第4次	1863-1875	インド、中東、ヨーロッパ、北アメリカ、ラテンアメリカ、中国、東アフリカ、西アフリカ
第5次	1881-1896	インド、中東、北アフリカ、ヨーロッパ、ロシア、中国、日本、北アメリカ、ラテンアメリカ
第6次	1899-1923	インド、中東、ロシア、ヨーロッパ、中国、日本、朝鮮

出典：Pollitzer 1959をもとに作成

係するとだけはいえよう（脇村 二〇〇二／〇三）。

コレラの感染は、広い意味では人の移動と関係する。交易、軍隊の移動、巡礼などによる人の移動が契機となってコレラの流行は拡大する。ただし、コレラの感染は人から人へと直接に起こるわけではない。感染者の排泄物のなかに含まれるコレラ菌が飲料水を通じて、別の人に侵入するというのが正確な感染経路である。したがって、感染者にのみこだわる防疫措置では防げない可能性もあったことに注意する必要がある。だが、いずれにしても、一九世紀に繰り返しパンデミックが起こった主たる要因に、英領インドに関わる人の移動の活発化という事態があったことはたしかだと思われる。

今日から一九世紀を顧みて驚くのは、この世紀が「移民の時代」であったことである。蒸気船や鉄道の導入による、いわゆる「交通革命」がその背景にあった。ヨーロッパからアメリカ大陸へ数千万人、あるいは中国やインドから大量の移民が他地域へ移動した。現在と比較しても、この時代は人の移動に対する制度的な制限がそれほど大きくはなかったといえるであろう。労働移動のみならず、交易や巡礼を目的とした人の移動も比較的自由であった。それだけに、人の移動が大きな意味を有する感染症の国際的な波及という点で、一九世紀の人類は大きな困難に直面していたといえる。コレラのパンデミックは、そのことを象徴的に示す現象であった。

一九世紀前半におけるパンデミックの波及経路

そこで、一九世紀のコレラ流行における拡散のパターンを検討してみると、どのようなことが明らかになるであろうか。ここでは、インドを中心にして、主にユーラシア大陸に限って見てみることにしよう（**表2**）。

一九世紀前半に起こった三次のパンデミックの波及経路から何がいえるかを、挙げてみる。第一は、インドから東方向へ伸びる海上ルートである。これは、第一次と第三次のパンデミックの場合に確認できる。アヘン戦争の際のインド軍の派遣も含めて、一九世紀前半においてイギリス東インド会社の活動がインド洋の東半分において活発化したことと関係している（ただし、商業活動に関しては、次第にイギリス系私商人の活動が活発化する）。コレラの発生源がベンガルにあったこと、しかも港湾都市カルカッタの都市化の進展などによって、インドから東方向へのコレラの進撃は可能性が高かった。第二に、この時期における陸上ルートの重要性である。インドから中央アジアを経てロシアへ、あるいは、ペルシアからロシアへと波及している。そして、これはヨーロッパへと至る。このことが暗に示しているのは、一九世紀前半の世界では、海上ルートのみならず、陸上ルートが依然として重要であったことである。

表2　19世紀のコレラ・パンデミックの波及経路

第1次パンデミック(1817 - 1824年)

1817年、ベンガルからインド各地へ
(インドから東方向－海路)
1818年・1819年、セイロン、ビルマ、シャムへ
1820年、インドネシアの諸島およびフィリピンへ
1820年、中国へ(後に、中国の北部からロシア国境へ)
1822年、日本へ(オランダ船を通じて長崎から)
(インドから西方向－海路)
1821年、オマーンへ(インドから派遣された東インド会社軍によって持ち込まれた)、ペルシア湾岸各地へ

第2次パンデミック(1829 - 1837年)

(インドから西方向－陸路その1)
1829年、インドから中央アジア(オレンブルグ)へ、およびインドからペルシア、さらには中央アジア(アストラハン)へ
1830年、ロシア(モスクワ)へ
1831年、ロシアからヨーロッパ(東欧→北欧、西欧)へ
1832年、ヨーロッパからアメリカ大陸(北米、中米)へ
(インドから西方向－陸路その2)
1829年、ペルシアから中東各地域(メソポタミア、シリア、パレスチナ、アラビア半島、エジプトなど)へ

第3次パンデミック(1840 - 1860年)

(インドから東方向－海路)
1840年、中国へ(アヘン戦争の際、インド(ベンガル)から派遣された将兵がコレラを中国へ持ち込んだ。ちなみに、派兵の途上において、海峡植民地にも、コレラが持ち込まれた)
1842年、中国からビルマや新疆へ(その後、新疆から、中央アジア(ブハラ)を経由して、インド北西部へ)
(インドから西方向－海路)
1845年、ベンガルでコレラが再発し、西部インド(ボンベイ)へ
1846年、アラビア半島(アデン、モカ、ジッダ)へ

第4次パンデミック(1863 - 1875年)

1863年、ベンガルでからインド全土へ
1865年、アラビア半島へ(メッカでは各地から集まった9万人の巡礼者のうちの三分の一にあたる人々がコレラの犠牲者となった。このとき、そもそもアラビア半島へコレラをもたらしたのは、インドからの巡礼者だったと推測されている。このメッカからコレラの感染者が中東各地へと帰還し、コレラの被害を一層拡げた)
1866年-1875年、ロシア、ヨーロッパ、北アメリカ、南アメリカ、東南アジア、中国、東アフリカ、北アフリカ、西アフリカへと拡がっていった。

第5次パンデミック(1881 - 1896年)

1885年、メッカを経由して、エジプトさらには地中海沿岸のヨーロッパへ
1892年、中東各地、北アフリカ、ヨーロッパ、アメリカ大陸へ

第6次パンデミック(1899 - 1923年)

1900年、アフガニスタン、およびペルシアへ
1902年、メッカへ
1904年、ロシアへ(ヨーロッパには限定的にしか拡がらず、またアメリカ大陸にも届かなかった)た。
1901年・1902年、東南アジア、中国、韓国、日本へ

出典：MacNamara 1876, Pollitzer 1959

第三に、西インド洋をまたぐ交易ルートによる感染の波及がある。インドからアラビア半島へ、あるいはインドからペルシアへというルートである。しかしながら、この時期に、このルートの延長として、地中海地域からヨーロッパへと波及した形跡はない。一九世紀前半において、ヨーロッパへの波及は、ロシア経由という陸上ルートが本道であった可能性が高い。

一九世紀後半におけるパンデミックの波及経路

さて、一九世紀後半の三つのパンデミックの波及経路については何が観察しうるか。一つの重要な変化が見られる。それを述べる前に、あらかじめ確認しておきたいのは、一九世紀後半の「交通革命」の影響である。具体的にいうと、蒸気船が就航したことを指す。西インド洋の事例を引こう。ボンベイ(現在のムンバイ)と紅海方面を結ぶ航路において、蒸気船が就航したのは一八三〇年代末のこと、またボンベイとペルシア湾方面への航路において、同じく蒸気船が就航したのが一八五〇年代後半のことになる。いずれにしても西インド洋交易(インド—紅海間およびインド—ペルシア湾間)において、蒸気船が本格化するのは、一八五〇年代以降のことと考えられる。さらに、一八六九年にはスエズ運河が開通している。これらの結果、コレラが紅海を通じて地中海地域へと広がる可能性が一気に高まった。これを「紅海ルート」と呼んでおくことにしたい。

この事態を貿易という指標で確認してみよう。ボンベイからペルシア湾方面への輸出額が、一八〇三—〇四年の九一万七二〇〇ルピーから、一八一七—一八年の二三一万八一〇〇ルピー、一八四〇—四一年の三七四万三〇〇〇ルピー、さらに一八六〇－六一年の六六六万四五〇〇ルピー、そして一八七四－七五年の一〇二六万六八〇〇ルピーまで増加している。インドが第一次産品の輸出国として、輸出額を大きく増加させたのはこの時期のことである。貨幣単位は異なるが、別の数値を挙げてみよう。全体としてのインドの輸出額は、一八一三－一四年において四六五万ポンドであったが、一八五三－五四年には一九〇二万ポンドに増加したに過ぎないけれども、一八六三－六四年には四二一五万ポンドへ、さらに一八七〇－七一年には五六〇二万ポンドへと飛躍的に増加していることがわかる(MacNamara 1876)。以上のような貿易の拡大が、コレラの感染ルートに変容を加えた可能性は高いと推定できる。一九世紀に行われた国際衛生会議における一つの重要な争点は、基本的には紅海におけるメッカ巡礼に対する検疫措置の問題であった。

3 紅海ルートと国際衛生会議

国際衛生会議は、ペスト、コレラ、黄熱病を主な対象として、その防疫対策の国際的なコンセンサスの形成を目指して一九世紀半ばより始まった。第一回のパリ会議が一八五一年に開かれ、最後を飾ったのが第一四回パリ会議(一九三八年)であるから、九〇年弱の歴史である(**表3**)。国際衛生会議の歴史を概観すると、ヨーロッパの列強間に必ずしも十分なコンセンサスが成立しなかったため、混沌とした印象を受ける。だが、同時にその点においてグローバル・ガバナンスの先駆けともいうべき問題状況が示

表3　国際衛生会議

回数	開催地	期間	主題
第1回	パリ	1851年7月27日－1852年1月19日	コレラ
第2回	パリ	1859年4月9日－8月30日	コレラ
第3回	コンスタンティノープル	1866年2月13日－9月26日	コレラ
第4回	ウィーン	1874年7月1日－8月1日	コレラ
第5回	ワシントン	1881年1月5日－3月1日	コレラ、黄熱病
第6回	ローマ	1885年5月20日－6月13日	コレラ
第7回	ヴェネツィア	1892年1月5日－31日	コレラ、ペスト、黄熱病
第8回	ドレスデン	1893年3月11日－4月15日	コレラ
第9回	パリ	1894年2月7日－4月3日	ペスト
第10回	ヴェネツィア	1897年2月16日－3月19日	ペスト
第11回	パリ	1903年10月10日－12月3日	ペスト、コレラ、黄熱病、マラリア
第12回	パリ	1911年11月7日－1912年1月17日	ペスト、コレラ、黄熱病
第13回	パリ	1926年5月10日－6月21日	ペスト、コレラ、黄熱病
第14回	パリ	1938年10月28日－31日	ペスト、コレラ、黄熱病、天然痘、発疹チフス

出典：Bynum 1993

されているのである。

九〇年ほどの歴史のなかで最も熱心な議論が闘わされたのが、一九世紀後半のことであり、これはもっぱらコレラ対策、具体的には検疫という手段をめぐってなされたものであった。特に興味深いのは、一八六六年の第三回コンスタンティノープル会議と一八八五年の第六回ローマ会議である。この時期のヨーロッパ諸国は、紅海ルート経由でコレラがさらに地中海を通して全ヨーロッパへ拡がるのではないかという深刻な懸念を持っていた。

「紅海ルート」に関して問題化してくるのは、貿易に関わる商船以上に、ムスリム（イスラム教徒）のメッカ巡礼（Haji）であった（一九世紀後半のメッカ巡礼の様相については、Roff 1982, Oishi 2003）。実は、国際衛生会議の議論の焦点となっていたのもこの問題であった。以下に述べるように、一九世紀に行われた国際衛生会議における一つの重要な争点は、基本的には紅海におけるメッカ巡礼に対する検疫措置の問題であった。以下では、この二つの会議を中心に、紅海ルートに関する問題状況を明らかにすることにしたい(国際衛生会議の各回の議論をコンパクトにまとめたものとして、Howard-Jones 1975)。

第三回コンスタンティノープル会議——一八六六年

まず確認しておきたいのは、この当時、検疫とは具体的にはいかなる措置を指していたのかという点である。これは、三つの要素からなっていた(Kuhnke 1990)。

①健康証明書——出港した地域の政府が発行する証明書。当該感染症が流行していなかったことが証明されれば、その船舶は検疫を受ける必要がなくなる。

②停船検疫——もしそのような証明書を有せず流行地から出港したことが判明した場合、あるいは患者が発生した場合、一定期間の停船検疫を受ける。

③検疫待避所(lazaretto)——停船検疫措置を受けた場合、乗員・乗客が待避する場所。

このうち特に争点となるのは、やはり②停船検疫である。果たして、いかなる対象にそれが適用されるのか、またどのくらいの期間、停船させられるのか、という問題である。

一四世紀以降の(地中海沿岸の)ヨーロッパにおいて、ペスト患者を乗せた船舶に対して四〇日間の停船を命じ、船員および船客の上陸を禁じたことはすでに述べたとおりである。少し考えてみればわかるように、四〇日間というのはかなり長い時間である。したがって一九世紀になると、このような期間は拘束されなくなる。せいぜい五日とか一〇日という単位である。しかしながら、それでも長くないといえば嘘になる。蒸気船が就航し、物流や旅行の時間の短縮化が進む時代には、このような拘束期間はさらに長く感じられるようになっていく。

実は、一九世紀の半ば頃には、かかる検疫措置のコレラ対策としての有効性に疑いを向ける国々も現れた。イギリスがその代表格である。検疫という制度は、「自由貿易」というイギリスが掲げる原則に著しく抵触した。同時に、その認識の背景には科学的（医学的）な見地も存在した。これについては、後に敷衍する。ところでフランスは、かつて検疫を積極的に実施する側であったが、一九世紀半ばには貿易をめぐるイギリスとの競争に対抗する上でも、検疫の緩和を主張するようになっていた。他方、長らく中東地域からのペストの危険性に曝されてきたイタリアやオーストリアといった諸国は、厳しい検疫を主張していた（Harrison 2004）。

こうしたことと深く関連するのが、コレラをめぐる医学的な知識の問題である。この当時、コレラの病因論、疫学をめぐる理解は錯綜していた。繰り返しになるが、コレラは、コレラ菌を病原体とする感染症で、主として感染者の排泄物によって汚染された水を媒介として感染を引き起こす。しかしながら、二つの会議が行われた一八六〇年代から八〇年代半ばにかけての時期は、コレラの病原体がいまだ確定されてはいなかった（一八八三年にはR・コッホがコレラ菌を同定していたが、一八八五年のローマ会議では依然として公に認められてはいなかった）。また、感染の原因が接触伝染（contagion）かミアズマ（miasma, すなわち瘴気）かという基本的な点においても最終的な決着を見ていなかった。そもそも検疫をめぐっても、接触伝染説をとるかミアズマ説をとるかで、基本的な態度が異なってこざるを得ない。したがって、検疫に消極的な立場とは、接触伝染説を否定する立場、すなわちミアズマ説に近いということになるだろう。しかし、実際には二つの説は、それほど截然と分かれておらず、両者の中間にある玉虫色的な位置にいる論者が多数存在した(Howard-Jones 1975、小川二〇〇二)。たしかに、コレラは人から人へと直接に感染するわけではなく、水を媒介とする感染経路であるために、この当時の素朴な接触伝染説では十分に説明され得なかったのである。むしろ、部分的にはミアズマ説のほうに妥当性があるようにも見えたのである。こうしたことが、二つの会議での議論の成り行きをいっそう複雑にしており、イギリスやフランスをはじめとする諸国の主張にも複雑な影を落としていた。

第三回コンスタンティノープル会議の内容を見てみよう。論争の焦点となったのは、フランスの提案である。フランスは、コレラがメッカで流行した場合に、紅海を通る船舶や船客の制限を主張した。というよりも、そのような手段を検討する委員会の発足を提案した。具体的には、より厳しい検疫措置――一定の日数を必要とする停船検疫――をとることを提案したわけである。フランスは、第一回と第二回の会議では、厳しい検疫措置は時代遅れな手段とみなして、イギリスとともにそのような手段には消極的な態度を示していた側である。フランスが態度を一変させた理由は、コレラ波及の紅海ルートがにわかに現実化したことの懸念であった。すでに述べたように、一八六五年の第四次パンデミックにおいては、エジプトを経てコレラがヨーロッパに達した。フランスはこの経路を重視し、とりわけ流行が繰り返し起こったメッカ巡礼を取り巻く状況のコントロールを提唱したのである。

フランス案は多数決で承認されたが、イギリス、ロシア、ペルシア、トルコが反対した。これらの諸国が厳しい検疫措置に反対した最大の理由は、自らのうちに多数のムスリム人口を抱えていたことにある。ムスリムにとって、検疫はメッカ巡礼という純粋に宗教的な行為に対する侵犯ともみなせるものであったため、これらの国の政府は世論に配慮せざるを得なかった。

この会議で各国のコンセンサスが得られたのは、次のような医学的な論点であった。コレラの発現地がインドであること、そしてコレラが伝染によって引き起こされること、さらにコレラが蒸気船や鉄道という交通手段の発展によって感染地域の拡大可能性が高まっていることなどである。イギリス以外のヨーロッパ諸国は、英領インドから海路を通じてコレラが運ばれてくることを警戒していた。

イギリスは、このようなコンセンサスに一応は与《くみ》したが、その立場は少々異なっていた。事実、イギリスは、国際的な調査団をインドへ派遣するという提案に対しては、主権侵害を理由に断固反対した。他方で、イギリスは英領インドで施行されていた「現地人客船法（Native Passenger Ships Act）」の強化を約束して、他の諸国に一定の安心感を与える態度を示した。すなわち、これは英領インドの国内法であるが、この条文を改正することで、インドの港湾を出港する船舶に対する、衛生設備の整備、乗客数の制限などの条件をいっそう厳しくすると約束したのである。引き換えに、インド発の船舶に対して紅海周辺で課される検疫措置を緩和してもらうことを意図していた。これは、その後、実際に数度にわたって改正され強化される（Harrison 1994）。

しかし、イギリスの主張は大勢の合意を得られず、最終的にはフランスの主導により、紅海における検疫措置の強化が取り決められた。また、紅海の入り口における検疫待避所の設置が決められた。この施設は、これより十数年遅れて一八八二年にカマラン島に建設されることになる。このように、決議の末に協定は結ばれた。ただし、結果的にこの協定を批准する国はなかった。しかしながら、このような取り決めが何の実効性も有しなかったかといえば、そうではなかった。

第六回ローマ会議――一八八五年

一八六六年のコンスタンティノープル会議の協定に基づいて、実際に紅海ルート周辺の検疫は強化されることとなった。一八六九年にスエズ運河が開通して、コレラ波及の紅海ルートの現実性がいっそう増したことも、その後の検疫強化につながった。まず、コンスタンティノープル会議後、エジプトのアレキサンドリアとスエズにおける検疫措置が強化された。エジプトは、ムハンマド・アリーの時代以来、オスマン・トルコの属領を脱して独立政権となっており、検疫行政の主体はエジプト衛生海事検疫諮問委員会であった。ただし、この機関の主導権は、一八五五年以降、実質的にヨーロッパ列強の手にあった。第二に、紅海周辺のうち、メッカ巡礼に関わる諸港における検疫措置および聖地メッカ・メジナにおける衛生措置が強化された。これらの地域は、オスマン・トルコの管轄下にあったが、オスマン・トルコの場合も、検疫行政にヨーロッパ諸列強が深く関与していた。帝国内の検疫を統括するコンスタンティノープル衛生最高諮問委員会は、一八三八年に設立されていたが、その設立の経緯と構成員において、著しく国際的性格を有していたのである（Kuhnke 1990, 鈴木 一九九九）。いずれにしても、エジプトやオスマン・トルコのとった諸政策には、ヨーロッパ諸列強の意思が反映していたことは間違いない。

さらに、インドとの関わりで注目しておきたいのは、オスマン・トルコは、インドから来るメッカ巡礼を目指すムスリムに、旅券（パスポート）の提示と帰還に必要な所持金の証明を要求するようになったことである（一八八一年）。また、紅海の出口に程近いカマラン島に、検疫待避所を設置し（一八八二年）、しばしばインドから来る巡礼船に対して停船検疫措置を行使するようになった。これらは、インドのムスリムたちの不満の種となった（Baldry 1978, Harrison 1994）。

ところで、一八八二年にイギリスはエジプトを実際上占領し、スエズ運河を支配下に置いた。この事態を受けて、フランスはイギリスに対して以前にも増して敵対的な旗幟《きし》を鮮明にする。このことが、ローマ会議にも影を落とすことになる（Harrison 1994）。

一八八五年に開催された第六回ローマ会議では、紅海周辺に関わって、フランスを代表とする検疫措置を推進する側とイギリスのあいだで鋭い対立が生じた。イギリスは、特に商船や軍艦の場合、インドからイギリスに向けて途中いかなる地点にも寄港しないならば、紅海での検疫を免れることができるように要望した。こうした要望を行った理由は、以下の点にある。スエズ運河の開通によって、インド洋から紅海を経由して地中海に抜ける商船の数が飛躍的に増大したが、なかでもイギリス船籍の数が他を圧倒していた。しかしながら、検疫の強化のために、スエズ運河の意義が大きく減殺される可能性があったからである。

この会議においてイギリスは少数派であった。その象徴的なエピソードとして、コレラの発生源がインドであるという認識には強く抵抗していることが挙げられる。また、第三回コンスタンティノープル会議のとき、すでに全員一致を見たコレラの感染が人の移動によって引き起こされるという認識にも同意するのを拒否している。この会議におけるイギリスの姿勢は、科学的な認識が政治的な都合によって左右されるという悪しき例といえるだろう。この会議の代表としてイギリスとインドの代表（どちらも議決権を持っていた）が送られたが、明らかにミアズマ説をとる医学・衛生関係者が意図的に選ばれていた。

しかし、この会議では検疫制度の統一がまったく図られなかったわけではない。フランスのように外部からのコレラの侵入を恐れる立場と、イギリスのように内部の衛生状態を重んじる立場が平行線のまま終わったわけではなかった。第四回ウィーン会議以来、検疫措置にかわり、徐々に「医師検査」（medical inspection）という手段への転換が示唆されていた。医師検査とは、検疫よりもはるかに緩やかな手段である。すなわち、到着時に船長の申告により、出発港の状況（当該感染症の流行があったか否か）、航海時の状況（当該感染症による患者や死者が出たか否か）が到着港の衛生当局の医師に伝えられ、患者がいる場合は隔離されるけれども、健康な人は必ずしも拘束されることはなかった。これは、イギリスでとられていた方法であるが、ローマ会議においても検疫措置から医師検査へという流れが確認できる（永田二〇〇二）。

複雑なイギリスの立場

イギリスの立場を、改めて整理をしておこう。イギリスの立場といっても、一枚岩では必ずしもなかった。三つの立場を考える必要がある。第一は、イギリス本国政府である。外務省、インド省がそれに相当する。この立場は、端的にいえばイギリスの経済的利害を優先していたといえよう。したがって、スエズ周辺における検疫措置の緩和が最優先事項であった。したがって、各国とのあいだに妥協点を見出すためには、現地人客船法の強化のような衛生措置が必要だと考えていた。第二は、インド政庁（植民地政府）である。インド政庁は、検疫という措置に対して強い反対の立場をとっていただけではなく、現地人客船法の強化を含めて英領インド内における衛生対策の強化にも消極的であった。その理由は、検疫のみならず現地人客船法に規定されていた衛生措置に対しても、ムスリムの一般大衆の強い不満が生じる可能性が高かったからである。第三は、ボンベイ管区政府（地方政府）である。ボンベイは、メッカへの巡礼者を多数送り出す港であったと同時に、貿易の中心であった。貿易に関わる商業利害は、紅海周辺における検疫措置を緩和させるためには、現地人客船法の強化のような積極的な衛生措置が必要だと考えていた。したがって、ボンベイ管区政府もまた、各国政府との妥協点を見出す必要性を主張していた（Harrison 1994）。

このような政治的な諸立場だけではなく、イギリスの医学・公衆衛生に関わる専門家の認識も考慮に入れなければならない。本国および植民地の両者において、当時のイギリスを代表する医学・公衆衛生の主流派は、反接触伝染説、すなわちミアズマ説をとっていた。特に、英領インドにおけるインド高等医官（Indian Medical Service）たちにその傾向は著しかった。彼らは、コレラは接触伝染ではなく、ミアズマによって引き起こされるという病因論をとっていた。したがって、コレラへの対策は人の移動（ひいては物資の移動）を阻止することによってではなく、むしろ公衆衛生改革（sanitary reform）によって果たされるべきと考えたのである。すでに述べた医師検査という方法は、こうした国内における衛生行政の充実ということが前提になっているのである。イギリスは、明らかに、自国が検疫に頼らなくてもコレラ流行を防いできたこれまでの実績に自信を深めていた（Harrison 1996）。

しかし、ここには若干の矛盾が存在する。ミアズマ説をとる場合に、検疫のような手段が有効でないとみなすかわりに、各地域の内部における衛生措置の必要性はいっそう強く主張される。事実、イギリス本国に関していえば、一九世紀半ば以降、国内における衛生改革が一定の成果を上げ、検疫に頼らずにイギリス国内はコレラから守られたと主張できた。しかしながら、英領インドにおいて衛生改革はほとんど実体を有しない程度の実績しかなかったから、本国と植民地のあいだで同じ主張はできなかったはずである。

4　おわりに

以上のような国際衛生会議の議論を経て、一八九二年にヴェネツィアで開催された第七回国際衛生会議において、初めての実効的な衛生条約である「スエズ運河の衛生制度に関する国際条約」が締結された。

さらに、一八九三年（第八回ドレスデン国際衛生会議）、一八九四年（パリ国際衛生会議）、一八九七年（ヴェネツィア国際衛生会議）にそれぞれ国際衛生条約が締結され、一九〇三年の第一一回パリ国際衛生会議において、これらを集大成した国際衛生条約が結ばれるのである。とりあえずは、検疫制度の世界標準がここに生まれたといえるであろう。この段階では、検疫制度は、一般的・包括的なものから、特定化したものに変化していた。すなわち、出発地で出される健康証明書に基づく措置から、到着地における個々の状況に応じたものに変化した。すなわち、すでに述べた医師検査の要素が大きくなったのである。さらに、乗客の行動制限も緩和され、検疫の日数も短縮化した（鈴木一九九九、永田二〇〇二）。このような変化は、本章で検討した時期において、少数派であったイギリスの主張が結果的にはかなり取り入れられたことを示している。すでに見たとおり、イギリスの医学・公衆衛生関係者の科学的（医学的）な認識が時代錯誤的なものであったことを思い起こすと、きわめて皮肉な結果のようにも思える（Howard-Jones 1975）。

本章で論じたコレラ・パンデミックとそれに伴う検疫制度の世界標準の誕生は、グローバルな共通利益が実現されていく過程と、ひとまずは考えることができる。しかし、このような検疫制度の統一化の構図は、ヨーロッパ中心的なものであったことも指摘しておかなければならない。紅海もしくはスエズ運河をめぐる検疫措置の強化に関しては、ヨーロッパで当てはまる基準とは異なったものが適用された。その意味で二重基準と断言できる。しかも、それはインドやメッカ巡礼がもたらすにコレラの脅威に対する、過剰な意識に基づいていた。コレラ波及の紅海ルートに対する脅迫観念のようなものをそこに看取できるのである。加えて指摘しておかなければならないのは、紅海周辺で行われる検疫活動は、エジプト衛生海事検疫諮問委員会やコンスタンティノープル衛生最高諮問委員会のような、ヨーロッパ人が加わった半ば国際機関によって執行されていたという事実である。これは、一見するところ国際機関の先駆けのような事例であるが、まさしく帝国主義的もしくは半植民地的状況が生んだ産物であった。ヨーロッパの側の支配の意図から生じたというよりは、その地域のガバナンスをほとんど信用していないという事実から発しているといえよう。このように一九世紀の事例は、今日の私たちがグローバル・ガバナンスを考える上で示唆に満ちている。

参考文献

小川眞里子（二〇〇二）、「コレラとスエズ運河」『思想』第九二四号、六六−九三頁。

尾崎耕司（一九九九）、「万国衛生会議と近代日本」『日本史研究』第四三九号、一二四−一四四頁。

鈴木めぐみ（一九九九）、「一九世紀から二〇世紀初頭に至る国際衛生協力の展開」『行政社会論集』第一一巻第三号、一九四−二三三頁。

永田尚見（二〇〇二）、「国際検疫制度の文化的成立」『国際政治』第一二九号、一五六−一七二頁。

見市雅俊（一九九九）、「コメント—近代日本の検疫問題」『日本史研究』第四三九号、一七〇−一七五頁。

脇村孝平（二〇〇二）、『飢饉・疫病・植民地統治—開発の中の英領インド』名古屋大学出版会。

脇村孝平（二〇〇三）、「健康の経済史とは何か—英領インドの飢饉・疫病と植民地的開発（一八七一〜一九二〇年）」『経済史研究』第七号、七一−八六頁。

Baldry, J., 1978, 'The Ottoman Quarantine Station on Kamaran Island 1882–1914,' *Studies in the History of Medicine*, Vol. 2.

Bynum, W.F., 1993, 'Policing Hearts of Darkness: Aspects of the International Sanitary Conferences,' *History and Philosophy of the Life Sciences*, Vol. 15, No. 1.

Harrison, M., 1994, 'Quarantine, Pilgrimage and Colonial Trade: India 1866–1900,' in Harrison, M., *Public Health in*

British India: Anglo-Indian Preventive Medicine 1859–1914, Cambridge University Press.

Harrison, M., 1996, 'A Question of Locality: The Identity of Cholera in British India, 1860–1890,' in Arnold, D., ed., *Warm Climates and Western Medicine*, Rodopi.

Harrison, M., 2004, *Disease and the Modern World: 1500 to the Present Day*, Polity Press.

Howard-Jones, N., 1975, *The Scientific Background of the International Sanitary Conferences 1851–1938*, World Health Organization（＝室橋豊穂訳〔一九八四〕、『予防医学のあけぼの—国際衛生会議〔一八五一－一九三八〕の科学的背景』日本公衆衛生協会）.

Kuhnke, L., 1990, *Lives at Risk: Public Health in Nineteenth-Century Egypt*, University of California Press.

MacNamara, C., 1876, *A History of Asiatic Cholera*, Macmillan.

Oishi, T., 2003, 'Friction and Rivalry over Pious Mobility: British Colonial Management of the Haji and Reaction to It by Indian Muslims, 1870–1920,' in Kuroki, H., *The Influence of Human Mobility in Muslim Societies*, Kegan Paul.

Pollitzer, R., 1959, *Cholera*, World Health Organization.

Roff, W. R., 1982, 'Sanitation and Security: The Imperial Powers and the Nineteenth Century Haji,' *Arabian Studies*, Vol. 6.

第九章　華僑・華人のネットワーク
――中華総商会を中心に

陳　來幸

1　華僑社会の形成

「国境」を越える移民の連鎖

「帝力我に何かあらんや」と庶民が口にする世の中が中国社会の理想型であったといわれている。『史記』以来の原初の歴史書に残された王朝興亡の地、黄河中原地域をわが祖先の発祥の地であると自認する漢民族は多い。宗族の紐帯を重視し、族譜に記された先祖来歴の物語を所与のものとして語り継ぐ家族も無数に存在する。中国社会においては、王朝交代の歴史とは別のところで、血脈に基礎を置く「つながり」の営みが重要であった。近代的概念としての国境がなかった時代、幾多の内乱や異民族との衝突を契機に移住を繰り返した漢民族は、基本的には南へ南へと向かい、それぞれの地で独自の文化圏を形成した。人口が爆発的に成長した時期、生産力の向上と技術革新は人口成長分をある程度吸収し得たが、一定地域でそれを抱えきれなくなると、別天地を求め、移民が促進された。江南、湖北、華南、四川へと内地移動と開発が進み、海を越えるに至った。現在の国境、つまり海を越えた移民を華僑と称するならば、その端緒期は唐末から宋代に求められる。スペイン領有以前のフィリピンでは一〇世紀前後から華僑居住区社会が形成されていた。漢代から唐代まで中国の属領であったヴェトナムでは、一〇世紀の独立後も華僑がヴェトナム社会に僑居し、隣接する中国王朝との交流は密であった。

グローバル・ヒストリーの上限としての大航海時代（一五世紀中頃－一七世紀中頃）は、中国では明末清初期に相当する。明国と清国では基本的に海禁政策がとられた。日本はこの時期鎖国体制へと向かった。実際この時期には大量の銀がこの海域に流れ込み、特産物を中心に交易が大いに行われた。東アジアの海域では、バダビア、平戸、台湾、マニラ、マカオ等の港が開港し、海商やいわゆる後期倭寇が活躍した。幕府や中国の王朝政府は、魅力的な物産で利を上げるべく海外貿易を管理し、統制したのである。

中国国内では、遠隔地交易に従事する商人グループが形成され、交易都市には同郷・同業の親睦互助組織としての会館や公所が盛んに結成された。新安商人、徽州商人等が活躍した時代である。この時期、商業活動を目的とする華僑はいっそう広範囲に南洋一円へと移住した。一三－一四世紀にかけ、南部の港を拠点に貿易に従事した中国系移民がタイ華僑の端緒といわれるが、明末清初期に当たるアユタヤ朝時代（一四二四－一七五八年）には王都に中国人街が形成されていた。ヴェトナムでも大量の華商が到来し、定住した。これらの華僑は土着化し、ミンフン（「明郷」）といわれるグループが形成された。マレーがポルトガル（一五一一－一六四一年）とオランダ（一六四一－一七八六年）の支配下にあったこの時期、華僑は主に中間商人として流入した。ミンフン同様、大量移民時代の一九世紀以前に入植し、数代にわたって混血し、土着化したこれらの移民は、プラナカン、ババ、ニョニャ、メスティソ等と呼ばれ、独自の文化を形成した。

一九世紀に新たな華僑移民のピークが訪れる。イギリスの支配下に入ったマレーでは、一九世紀半ば以降錫生産が、二〇世紀初頭には天然ゴム生産が盛んになると、労働力として中国人移民が強く求められた。東南アジアへ向かった華僑の総数は一九世紀前半で二〇万人であったが、後半には一三四万五〇〇〇人（潘翎一九八八、六二頁）となる。一九世紀後半、華僑の海外渡航が合法化されるようになると、日・米等東方の主権国家への合法移民も増加する。ただし、米領となったフィリピンを含め、近代的入国管理制度を敷くこれらの国々においては、求められる層の移民は入国できたが、排除される層も存在した。移民にとって入国制度が大きな制約要因となった。

会館・公所・モザイク都市

移民は貧困や人口圧のみによって引き起こされるのではない。そこには強い社会的上昇志向が存在する。新しいビジネスチャンスを求めて移民を決意したのは華僑自身であった。国内移住の延長として海外移民を考える必要があろう。出身地を離れ、蘇州や仏山《ぶつざん》、広州、上海へと移住した商人は自前で公所や会館を組織した。方言を異にする人々がモザイク状に寄り合って暮らし、子どもたちは同郷組織が運営する小学校に入学し、方言で教科を教わった。そして、棺仮安置所が会館や公所によって運営され、遺体はそこで故郷に送り返されるのを待った。二〇世紀初期の上海に存在した広東系移民の広肇《こうちょう》公所や寧波《にんぽ》系移民の四明《しめい》公所が運営する学校やお墓の話である（Goodman 1995）。

公所や会館は古くは同郷人の科挙受験の滞在に利用された。遠来の新参者はこのような互助組織とそれを基点に広がる人間関係に支えられ、新天地における生活の足がかりを得たのである。

中国沿岸各地から華商が参集した開港当初の神戸港では福建公所や三江公所、広業公所が組織された。ゴールドラッシュでにぎわったサンフランシスコでは六大会館が組織された。ここでは多くの移民が広東省珠江《しゅこう》西南岸からやってきたので、出身県ごとに会館が設立された。

会館や公所は有力商人の寄付によって建てられた。中国商人に通底する道徳と倫理意識に基づき「善挙」（＝慈善事業）が広く行われた。そして、居住が長期化するなか、運棺や義荘《ぎそう》（共同墓地）・学校の運営が公所会館の主要な活動となり、やがて、現地政府への対応と領事を通じた本国政府とのパイプの構築の必要性から、中華会館が組織されるようになる。

業縁・地縁・血縁——原初的ネットワークの形態

公所での集いや同業内規制によって業縁ネットワークが強化され、会館での方言の使用や学校運営、相互扶助、義荘運営によって地縁ネットワークも強固なものとなる。しかしながら、より重要であったのは血縁を中心とした人脈を通じて入手される情報と、知人や親戚によるリクルートの働きかけであった。単身移住の場合、多くは渡航先に身元を引き受ける親族が存在し、その安心感によって決心が促された。

国家による政策的制度的庇護が期待されない状況下、国内移民の連鎖として、会館や公所など民間の自助組織が移住先で重要な役割を果たした。初期の華僑移民はこのような業縁、地縁、血縁によって下支えされたのである。

洋服屋であれ、理髪店であれ、貿易商社であれ、知人や故郷の親族の出資によって開業が実現することも多い。逆に、海外華僑の本国への家族送金が故郷の家族にとって重要な収入源でもあった。そして、海外での成功によって故郷に錦を飾る華僑の存在がさらなる移民を促した。現在金門島で民俗文化村として旅行客に開放されている広大な建物群は、長崎から神戸に進出し、復興号を開設した王家が家族のために建てた福建様式の住宅と祠堂である。広東省潮海県隆都鎮前美村にある陳慈黌故居はタイの潮州人移民の僑宅である。

北米華僑の出身地として名高い珠江西南岸四邑地域のひとつ、広東省開平には一八〇〇棟にのぼる「碉楼(トーチカ風の洋楼)」がある。匪賊が出没するこの地域では見張り用のトーチカが不可欠であった。北米に渡った華僑が「金山箱」にたくさんのお土産を抱えて故郷に帰るようになると、防御を目的とした鉄窓付トーチカ風の高層建築を建て、最上階は欧米風の趣向を凝らし、競って贅を尽くすようになった。僑郷の少年少女に対し、華僑は故郷に錦を飾る成功者のイメージをもたらし、彼らに海外移民のインセンティブを与えたのである。

その結果、同じ村や近隣から特定の国と地方に向かい、特定の職業に就く移民が連鎖的に引き起こされる。日本に進出した江蘇省鎮江・揚州の理髪職人、神戸に進出した広東省宝安県（深圳）のペンキ職人、浙江省寧波の洋服仕立屋等がその典型的な例である。現在、バンコク華人（居住国の国籍を取得した中国系移民を指す。ここ二〇年ほどで定着した呼び方）のほとんどは潮州人、マニラ華人の多くは福建省晋江人であり、広東省中山《ちゅうざん》人の主たる移民先は北米やホノルルであった。

2　二〇世紀の産物――ナショナリズムの高揚

ナショナリズムの登場

一九世紀のアジアは、新たなヨーロッパ人による直接支配が加わり、改編が進んだ。マレー半島では胡椒《こしょう》や甘蔗《かんしょ》等に加え、イギリス植民政府の下で錫鉱山の開発とゴム園栽培が進み、その労働力にと新たに移民が急増した。オランダ領東インドでもジャワ外領の開拓と鉱山開発が進んだ。それまでに、華僑は徴税請負と農産物流通を通し、オランダ東インド会社と土着社会との仲介的役割を果たしており、商業分野での定着が進んでいた。一九世紀には新たな労働者が大量移住し、ジャワ島以外の地が金鉱（西カリマンタン）、錫鉱（バンカ島）、ゴムなどのプランテーション（スマトラ島やリアウ諸島）を中心に開発された。労働力需要の増大に伴い、移動手段の近代化もまたヒトとモノの往来を頻繁化させた。

家族を帯同した新移民は文化の保持が可能となった。これらの新移民は現地ではトトク（純血華人）、シンケ（新客）と称される。排他的響きを持ってチナ、ノンプリ、とも呼ばれた。すでに土着化したプラナカンやババ、ニョニャのうち、一部はイギリスの支配下で海峡華人と自称し、新移民と一線を画した。また、子弟をオランダ植民政府が開設する学校に通わせ、オランダ語を習得させた上層華僑も存在する。とはいえ、これら新移民に影響された多くのババたちにおいては、再漢化現象が進行した。ちょうど二〇世紀初頭の辛亥革命に至る国民形成の時期に当たる。国民国家としての清国のプレゼンスが増大するとともに、二〇世紀初頭の一〇年のあいだには華僑や留学生を巻き込んだ広範な拒俄《きょが》(反ロシア)運動、反米ボイコット、反日ボイコット運動が続発するまでになった(吉澤二〇〇三、黄賢強二〇〇五)。

中華会館・華僑学校・中華総商会

当時のこれら新移民がナショナリズムという追い風に乗って活躍するに至った背景には、以下の三種の新たな組織の登場が重要な意味を持つ。

ひとつは中華会館の成立である。海外の華僑社会では出身地別の幇《パン》(同郷人グループ)ごとに公所や会館が成立していたが、現地政府とさまざまな交渉を進める必要もあり、幇の対立を克服した統合の必要性が叫ばれた。特使や領事など本国の官僚との交際も重要な日常業務となっていた。

一八九三年に神阪中華会館が創建された際、当時の神戸領事洪遐昌《こうかしょう》が寄せた「創修中華会館記」に次のような言葉が残されている。

三幇の者は、それぞれ理事を選んだ。理事はおおむね富裕で礼儀作法をわきまえた人々なので、道義を好む人士が多い。私は久しく交わるにつれ、彼等が通俗的な習慣を排するのを喜んだが、派閥に分かれることに対しては同意できなかった。……中国を離れてこの国で一緒に暮らしている者は、もともと一家である。どうして他人扱いすることができようか。

領事としての意見を交えながら、中華会館設立のいきさつを説明した言葉である。神戸開港と同時にやってきた福建、広東、三江（長江下流域）出身者からなる三つの幇は共同で中華会館を建て、この組織を運営し、現在に至る（中華会館 二〇〇〇）。一八五八年の金鉱発見とブリティッシュ・コロンビア州での都市建設と鉄道建設で大量の華僑が上陸したカナダのヴィクトリアでは、八四年に中華会館が創設された。日本と同様、移民開始後四半世紀後のできごとである。中国国内には存在しない「中華」を冠した会館の出現は、清国が海外に領事や外務官僚を派遣するようになってからの現象であり、この時代の産物である。

第二に重要であったのは近代的華僑学校の設立である。幇の対立や相互のわだかまりを乗り越える手段として、現地語ではない共通言語としての華文教育が施された。清国国内の改革派の政治運動に直接呼応して横浜（一八九七年）と神戸（一八九九年）に、そして、ジャカルタやヴィクトリアにも近代的な華僑学校が設立された。プラナカン（現地生まれの中国系）集団が集中していたジャワ島や海峡植民地等では、土着化した老華僑が再び中国人性（Chineseness）を取り戻す格好の場となった。そして、南京における暨南《きなん》学堂（一九〇六年）の設立は、海外華僑にとっては、欠くことのできない高等教育機関となった。

政府による文化伝授機関たる曁南学堂の設立と、華商に対するさまざまな優遇政策は、強く海外華僑にアピールした。

こうして清朝末期に確立した僑務政策によって、華僑の心は中国に深く結び付けられるのである。また、学校教育を通じて中国語が共通語として普及することにより、異なる華僑社会で同じ情報を共有するようになった。華字新聞や華文雑誌が盛んに出版されたのもこの時期である。出版資本主義によって、「想像の」ナショナリズム(アンダーソン 一九八七)が助長された典型的な実例をここに見ることができる。

第三の組織は中華総商会である。南京条約以降中国は諸外国との条約体制下に入った。開港場に外国商人が出現するようになると、中国商人の側に利権に対する意識や「商戦」意識が芽生え始めた。隋唐時代に三省六部が中央官庁制度として発足以来、一九〇三年にしてようやく商務主管官庁の商部が成立するが、翌年、日本や欧米に倣って商業会議所制度を導入し、自国商人に対する保護政策を打ち出した。中国商会制度の発足である。国内には総商会や商会、海外には中華総商会が設置された。

一九世紀末と中華民国成立(一九一二年)直後の時期とでは、アジア間貿易の始動に、時代的特徴の違いを読み取ることができる(杉原 一九九六)。この時期以降、華商が近代的インフラの整備されたアジアの諸港に根ざし、貿易活動の主たる担い手となって国際ビジネスの世界に登場したのである。近代的華商ネットワークの原点である。海外の中華総商会を海外拠点とみなし、縦横無尽に網の目を張り巡らせた中国の商会ネットワークは、華商ビジネスにしなやかなメカニズムを保証する半制度的な仕組みを提供したのである。

以上で紹介した中華会館や華僑学校、中華総商会は一見、時の中国政府の支配下にあるように見える。しかしながら、辛亥革命において多くの華僑社会が革命派支持を表明したことに明らかなように、これらの組織は華商社会の自律的発展の結果生じた社会的産物でもある。政府の庇護を受けない海外華僑の信念と行動の自由は、本国政府の束縛の範囲にはなかった。孫文が華僑を「革命の母」と呼んだように、華僑は逆に革命の原動力、あるいは促進力となるエネルギーを持ち合わせていたのである。

華僑の従軍・献金と華僑送金

華僑研究の領域では一八四〇年代から一九四〇年代までの一〇〇年は、「政治化された一〇〇年」とされる。半封建半植民地社会に陥った祖国の危機を憂え、その救亡のために海外華僑がナショナリズム吹きまくる嵐のなかで政治化し、本国と命運をともにした例外時期のことをいう。

辛亥革命が成功するまでの革命派の蜂起のうち、最も有名なものは一九一一年の広州蜂起であろう。蜂起に参加した八〇〇人の敢死隊のうち五〇〇人が華僑であった。また、黄花崗七二烈士陵園に祭られた犠牲者の三分の一以上が華僑であり、三回目から一〇回目までの蜂起の経費は八〇パーセントが華僑の献金に拠ったといわれている。孫文自身が兄の下、ハワイで少年期を過ごした華僑の家族であり、最初の革命組織である興中会もハワイと香港で華僑の支援を得て結成されている。

清末期に盛んに行われた捐官《えんかん》的性質（官位と引替え）の献金のみならず、家族送金や公益的性質の災害義捐金、さらには公債引受けという形で、華僑の資金は中華民国成立後も引き続き中国に吸い寄せられ、結果として中国の国際収支のバランスに大いに寄与した。日中戦争勃発以前の華僑の家族送金は、二大華僑出身省の広東と福建が四対一の割合を占め、両者の合計が全体の総和にほぼ等しい。送金によって成り立つ世帯という意味で、グローバル・ハウスホールディングがこの時期の華僑輩出世帯において出現していたのである。

日中戦争が始まった一九三七年以後、中国政府の決定に基づき、僑務委員会は海外華僑に対して抗日愛国支援の必要性を呼びかけ、「華僑は戦費の四分の一を負担する」を目標とする声明が時の財務部長孔祥熙《こうしょうき》によって発表された。義捐金だけでも、三七年から四一年の五年間で三三億四八七一万七一八〇元（平均すると、ほぼ一九三一年の国家予算に相当）が海外華僑から寄せられている（李盈慧一九九七、四一八、四三二頁）。

辛亥革命時のみならず、日中戦争の困難な時期に、華僑送金と華僑献金が中国政府と中国社会を下支えした事実の重みを知るべきであろう。

現在、改革開放政策に転換した中国政府は再び華僑の資本を外資の呼び水とするべく、総合的な僑務政策を推し進めている。海外の華僑華人とその国内親族や帰国華僑をどのように扱うかは、近代以降の中国にとって常に重要な外務であり国務であり続けた。

3　中華総商会の役割と機能

世界華商大会

改革開放政策が軌道に乗った矢先のできごと、六四天安門事件（一九八九年）の影響でそのテンポがやや鈍った直後の九一年、その前年慎重に中国と国交を樹立したばかりのシンガポールは、時の上級相リー・クアンユーの発議で第一回世界華商大会を開催した。以後、香港、バンコク、バンクーバー、メルボルン、南京、クアラルンプール、ソウルの順に隔年ごとに世界華商大会が開催され、世界各地に華商が集い、開催地経済界との交流を深めている。第九回大会が二〇〇七年九月に神戸・大阪で開かれた。「国を越えて、人と人との交流を目指す」この大会は、これまでトランスナショナルなビジネスネットワークの構築に寄与する場としてアジアを中心とする環太平洋地域の経済に貢献してきた。

台湾を原籍とする神戸華僑で、組織委員会主席の黄耀庭氏はこの大会を「東アジア経済共同体の萌芽とも言うべき民間交流」と位置付ける（二〇〇七日本中華年第九回世界華商大会HP）。「日」「中」「九（＝久しく）」「和」を折り込んだロゴマークを掲げるとともに、名誉主席団に新日中友好二一世紀委員会の双方の座長である小林陽太郎氏と鄭必堅氏を迎え、台湾の両岸共同市場基金会董事長（国民党副主席）蕭万長氏を加えるなど、グローバル経済を語ることで政治対立を乗り越えようとする意図が明確である。この点で、未来志向の大会であるといえよう。

一九九九年、幹事役のシンガポール、香港、タイの三つの中華総商会は、大会の恒常的な運営を目的に、一期六年の任期でシンガポールに大会事務局を設置することを決め、二〇〇五年から香港中華総商会に第二期の事務局が置かれている。この三つの中華総商会はいずれも清朝末期に政府の指導の下、中華商務総会が置かれて今に至る、老舗の中華総商会である。地元ではきわめて権威ある社会経済団体である。神戸が震災復興の過程で大会誘致にいち早く名乗りを上げたのは、日本で唯一同じく清朝末期に創設された神戸中華総商会が存続していたからである。現在の世界華商大会のネットワークは、実はこの二〇世紀はじめに構築された中華総商会ネットワークに遡ることができる。

社会主義体制下の中国では、かつてその数二〇〇〇を超えた国内各地の商会は一九四九年にいったんすべて解散を余儀なくされ、政府の公私合営政策を推進する役割を担う工商業聯合会に取ってかわられた。しかし、「文化大革命」の時期にはこの工商業聯合会の活動も停止した。改革開放後、復活した工商業聯合会は自らを「民間商会」と称し、かつての〇〇市商会という二枚目の看板を再度掲げるようになり、現在は台頭する民間企業家たちを束ねる組織となっている。九〇年代に始まった海外華人発の外からのネットワーク化に呼応した動きであった。中国の新しい商会（工商業聯合会）は九〇年代半ばから世界華商大会に積極的に参加するようになり、二〇〇一年には初めて南京で大会開催を実現したのである。

二〇世紀初頭における中華総商会ネットワークの形成

中華総商会ネットワークの原点に遡ってみよう。一九〇四年に商部が公布した「商会簡明章程」は、国内主要都市のみならず海外の華商集住地にも中華商務総会（後に総商会と改称）を設置するよう求めた。

財政的に窮地に陥っていた政府には商務総会（総商会）や商務分会（商会）の設立に対して補助金を拠出できるような余裕はなかったが、権威の象徴としての公印である「関防」を配布することはできた。当時大臣級の高級官僚にのみ与えられていた「関防」の使用権を商会の総理に与えることで、政府はほとんど出費することなく下部組織としての商会の設立を促した。商会の総理や協理となるには一定の科挙資格を必要とした。それにより、海外を含む多くの商人層から「捐官（買官）」という形で献金をかき集めることができた。中国社会に染み付いた「官」の権威に対する羨望・畏敬の気持ちを逆手にとるような一石二鳥の方法で、政府は配下のほとんどの県域に商会を設立させたのである。一九〇五年に科挙制度が廃止され、社会的上昇志向のエネルギーの行き場を求めていた人々が商会に参集したことも相乗効果として働いた。その結果、中国の商会は他に類を見ないほど普及し、権威ある社会団体として立ち現れることとなる。海外の中華総商会においては、商人層が華僑社会のリーダーとなって活躍していたので、国内の総商会以上に政治的発言力の強い組織となった。

中華民国の時代に入ると商会法が公布された。商務総会は総商会、商務分会は商会、中華商務総会は中華総商会と改称され、総理と協理は会長と副会長と称されるようになる。一九一八年段階で確認し得る国内外の商会と総商会の分布は**図1、2**のとおりである。政府統計に残る主要なものだけでも、アメリカ大陸、ハワイ、ロシア沿海州、朝鮮、日本、東南アジアの環太平洋地帯に五八を超える中華総商会が分布していた。統計に挙がっていない商会や、下位レベルの諸組織を加えれば、そのネットワークの包括力は少なくとも一〇〇を超える数には達するであろう。

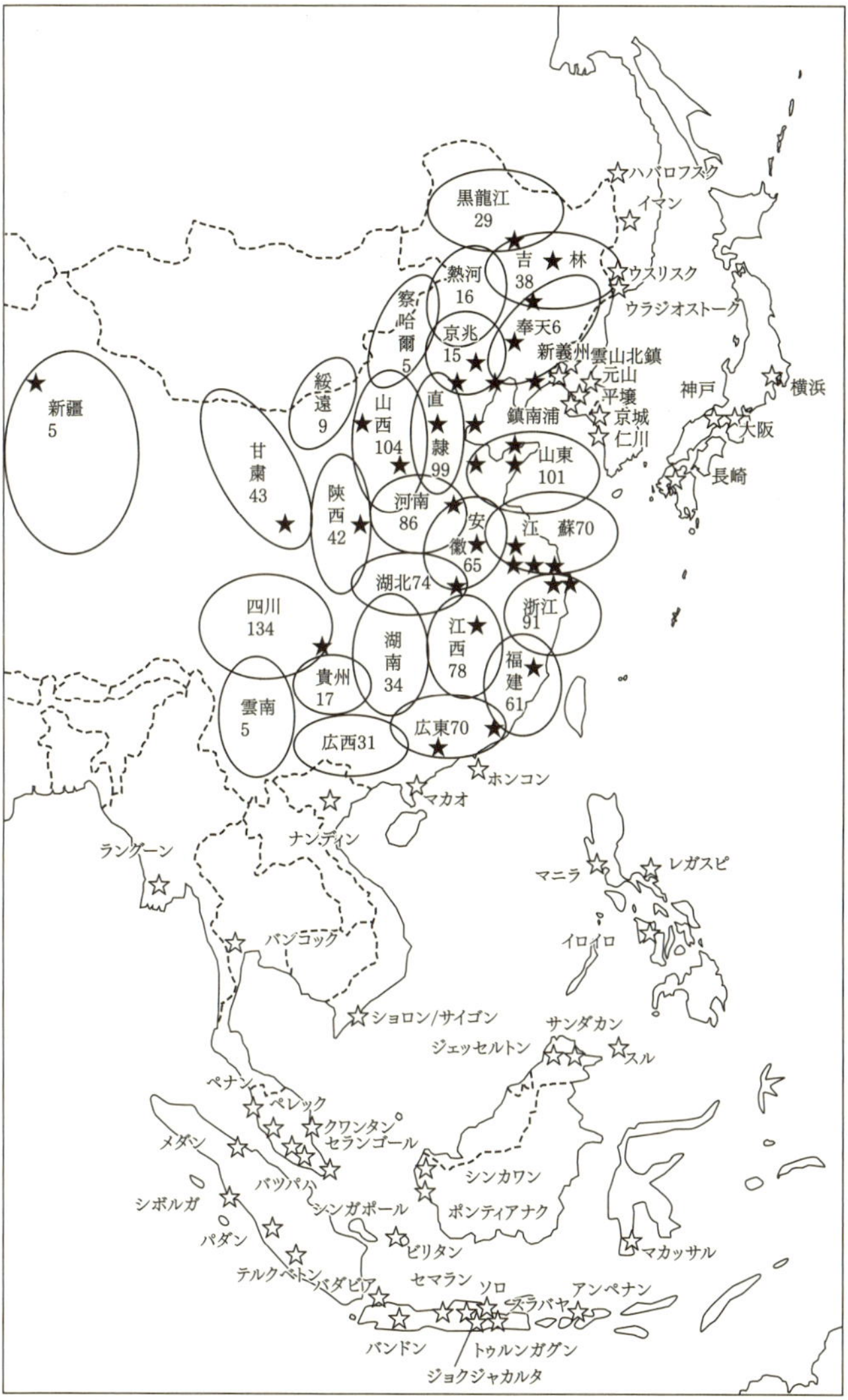

☆は中華総商会、★は総商会所在地。数字は国内各省毎の商会・総商会総数。(地図上の国境線は現在のもの)
出典:『第一回中国年鑑』(1924年)1544—1570頁などより作成

図1　国内外中華総商会所在地（1918年）

特にオランダ領東インド地域で中華総商会が集中しているのには理由がある。一九〇七年にオランダ本国の国籍法が生地主義をとることとなり、それが植民地にも適用されることになった。これに対し、この地域の華僑は国籍保存会を立ち上げ、清朝政府に対して血統主義の国籍法を制定するよう求めた。〇八年から〇九年にかけてのできごとである。散漫にして幇同士の対立を克服できなかったところでも、これを機に次々と商会が設立され、本国と直結するパイプの確立が試みられた。

同じ頃、上海の金融家グループが、中華総商会を資本金引き受け単位として、資金規模の大きな「中国華商銀行」の創設を働きかけようと、一九〇八年五月から南洋一帯を遊説に回っていた。一年近くにわたる遊説の後に上海に戻り、『華商聯合報』という華文雑誌を定期的に刊行し、各地の中華総商会に頒布した。そして、華商聯合会の結成が華商聯合報社を拠点に準備された。清末のこの時期、蘭領東インドの華商は、『華商聯合報』という中華総商会の情報ネットワークを利用し、国籍法の早期制定に向けて海外各地の華商にアピールし、それとの協働で、史上初の国籍法制定を実現へと導いたのである（陳來幸二〇〇六）。この点で、中華総商会ネットワークの構築は、ナショナリズムと直結した動きであったということができる。

中華民国成立の後、一九一四年には中華全国商会聯合会が正式に成立し、海外の中華総商会もその主たるメンバーとなるが、清末に南洋地域を中心に活発に動いた華商ネットワークは中国本土を中心とする体制へと転換していく。

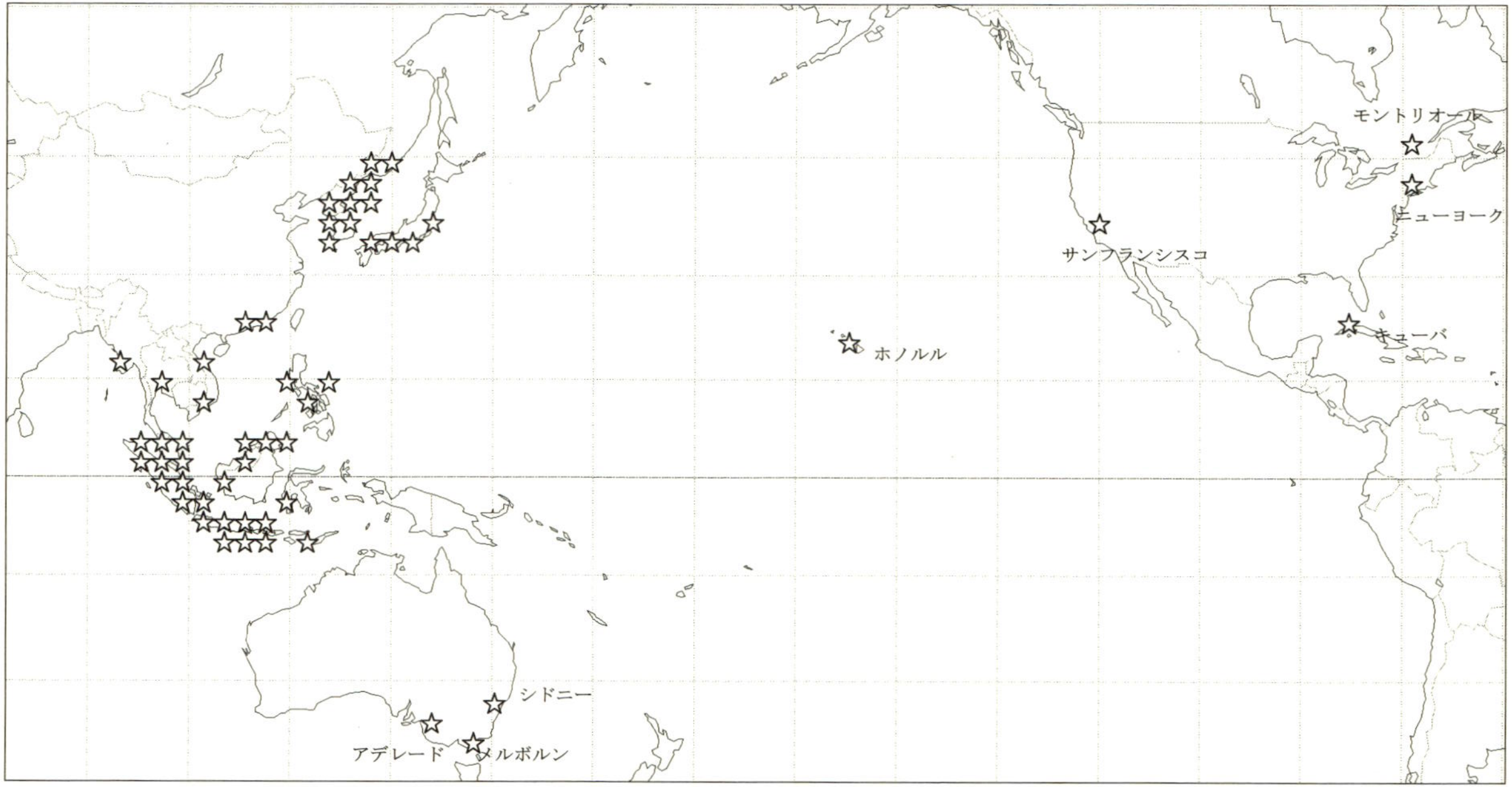

出典：図1に同じ

図2　アジア以外に所在した中華総商会分布図（1918年）

中華総商会の機能と役割

商会は日本や欧米の商業会議所と同じように、政府の求めに応じて各種商業調査を行い、商工業者の求めに応じて製品の産地証明を発行し、彼らの要求を商務行政に反映させた。中国の中華総商会において特徴的であったのは、「商照」の発行や旅券の代理申請と紹介状の発行、民事紛争の調停などに見る準行政的機能である。

「商照」とは華商としての身分証明書である。第一次大戦以前、旅券は出国時の必携物というわけではなかった。華僑が商用で中国に出かける際、居住地の中華総商会で公印付き商照の発行を受け、身分証明書として携帯した。中国で詐欺や危険な目に遭ったときには、商照を持参して中国本土の商会に駆け込めば、保護してもらえる仕組みが成立していた。

中華民国が成立して間もない頃、外交部と工商部は、華僑商人の帰国に関する旅券申請規程六条と領事館旅券発給規程四条を定めた。商会と領事館の双方が設置されているところでは商人は商会で旅券申請手続を行い、商会を通じ領事館に書類を提出した。商会のみ設置されている地方では商会長に紹介状の発行を申請し、その紹介状を添えて申請書類を領事館に提出し、旅券の発給を受けた。商会がなく領事館しか設置されていない地方では、現地の篤実な商人を代理申請人に立てて旅券申請しなければならなかった。東南アジアの諸地域では、領事館が設置された頃、すでに人口数万単位で華僑社会が成立していた。島嶼部を抱える地域では領事館が設置されたとしてもアクセスが必ずしも便利ではない。このような条件の下で、現地社会のエリート商人がリーダーシップを握る商会が、住民を把握し得ない領事館にかわり、旅券発行業務の一部を代理する機能を発揮したのである。他の主権国家の在外領事館が、在外公民を登録名簿を基礎にしっかり把握していたこととは大きく異なるのである。

また、商事調停や倒産処理、債権保全など、商業秩序の維持は商会の重要な仕事であった。国内の多くの商会には商事仲裁処が併設され、商人同士のもめごとは、裁判所に訴える前に商会にて迅速かつ公平な仲裁もしくは調停を仰ぎ、当事者間で解決を図った。上海や広州等租界を持ち、外国商人との紛争が多発する大都市では、華商と外国商人との紛争処理のため、時に領事の介在が必要とされた。海外の中華総商会では、現地商人と華商のみならず、異なる国の華商間の紛争を調停し、処理する必要があった。それゆえに、このような華洋雑居地の総商会長に対しては、それに見合う程度の権威の付与が必要であり、「関防」という公印の使用が不可欠であった。こうして中国の商会においては、諸外国のそれとは異なり、総商会と商会という異なるランク分けが生じたのである。

海外の中華総商会は、会員と故郷の親族との相続など民事トラブルの解決にも一役買った。民間組織でありながら、中国国内の商会や県政府等地方の役所に対して公文書を発行する権限を持ち、会員が関わる民事紛争解決の窓口としても機能した。そのほか、特許の申請など、本国法制に関わる用件の処理窓口としての役割も果たした。中華総商会がこのような特徴を持つに至った理由は、領事館に先行して移民社会が成立し、その秩序維持のために商会が実質的に準行政的役割を担う必要があったという一点に求められる。

欧州の商業会議所制度は官製組織としての色彩が強いとされる。その点、明清時代からの流れを汲む会館や公所の基礎の上に成立した中国の商会は、経費自弁という点から見れば民間組織であったというべきであろう。しかし、政府の働きかけで成立した中国の商会制度においてはさまざまな点で準行政的な役割が強く、旧来から通行している民間の商慣行に加え、商人の商業活動の安全を保証するインフラストラクチャーとしての機能を提供し、異なる地域間、異なる国籍の商人間の商行為をスムーズにしたのである。

信用調査や送金、投資、国際商事仲裁裁判所などのシステムが十分ではなかった時代に、半制度的な仕組みを用意した中華総商会ネットワークの持つ意味を最後に再度強調するとともに、今なお情報交換やビジネスマッチングの場として、世界華商大会にそのネットワークが息づいている事実を注視しておきたい。

参考文献

B・アンダーソン著、白石隆・白石さや訳（一九八七）、『想像の共同体』リブロポート。

内田直作（一九四九）、『日本華僑社会の研究』同文館。

籠谷直人（二〇〇〇）、『アジア国際通商秩序と近代日本』名古屋大学出版会。

可児弘明・斯波義信・游仲勲（二〇〇二）、『華僑・華人事典』弘文堂。

菊池一隆（二〇〇一）、「抗日戦争時期における重慶国民政府、南京傀儡政権、華僑の三極構造の研究」文部科学省科学研究費補助金成果報告書。

斯波義信（一九九五）、『華僑』岩波書店。

杉原薫（一九九六）、『アジア間貿易の形成と構造』ミネルヴァ書房。

田中恭子（二〇〇二）、『国家と移民—東南アジア華人世界の変容』名古屋大学出版会。

中華会館編（二〇〇〇）、『落地生根—神戸華僑と神阪中華会館の百年』研文出版社。

陳來幸（二〇〇二）、『中国近代における商会の研究』博士論文（神戸大学提出）。

陳來幸（二〇〇六）、『中国総商会ネットワークの史的展開に関する研究』文部科学省科学研究費補助金成果報告書。

根岸佶（一九三二）、『支那ギルドの研究』斯文書院。

本野英一（二〇〇四）、『伝統中国商業秩序の崩壊』名古屋大学出版会。

安井三吉（二〇〇五）、『帝国日本と華僑』青木書店。

吉澤誠一朗（二〇〇三）、『愛国主義の創成』岩波書店。

王賡武（一九九四）、『中国与海外華人』香港商務印書館。

何炳棣（一九六六）、『中国会館史論』学生書局。

郭緒印（二〇〇三）、『老上海的同郷団体』文匯出版社。

邱澎生（一九九〇）、『十八、十九世紀蘇州城的新興工商業団体』国立台湾大学出版委員会。

虞和平（一九九三）、『商会与中国早期現代化』上海人民出版社。

黄賢強主編（二〇〇五）、『文明抗争—近代中国與海外華人論集』新加坡国立大学漢学論叢2、香港教育図書公司。

朱英（一九九六）、『晩清経済政策與改革措施』華中師範大学出版社。

荘国土（一九八九）、『中国封建政府的華僑政策』厦門大学出版。

張存武（一九六五）、『光緒卅一年中美工約風潮』台湾商務印書館。

馬敏（一九九五）、『官商之間』天津人民出版社。

潘翎編（一九八八）、『海外華人百科全書』香港三聯書店。

馮筱才（二〇〇四）、『北伐前後的商民運動（一九二四—一九三〇）』台湾商務印書館。

夫馬進（一九九七）、『中国善会善堂史研究』同朋舎。

李盈慧（一九九七）、『華僑政策與海外民族主義（一九一二—一九四九）』台湾：国史館。

Goodman, Bryna, 1995, *Native Place, City, and Nation,* University of California Press.

第一〇章　インド人商人のネットワーク
――広域秩序と雑貨・食糧品ビジネス

大石　高志

近現代のアジア・アフリカ地域もしくは環インド洋地域において、多方面にネットワークを張り巡らしながら広域的な活動を展開した主体のひとつは、インド人の移民や商人である。一九世紀前半から二〇世紀前半まで、インドも含め当該地域のほとんどは、実際には、西欧諸国によってその植民地として組み込まれており、同時に、欧米から進出してきた経済主体は著しい成長と拡大を見せていた。この時代、広域的な統治や経済的なつながりを大がかりに先導したのは、まぎれもなく、こうした帝国や経済主体であった。しかし、その只中で、インドをはじめ中東や中国、東南アジア出身の在来の商人が同時並行的に拡散を見せ、広域ネットワークを展開したのである。本章では、こうした在来商人のネットワークのなかで、主としてインド人商人に焦点を当て、彼らの活動が、一面で、帝国や西欧資本のつくり出そうとした広域秩序を付随的に補う機能を果たしたこと、さらに、他面では、そうした広域秩序のインフラにあたる移動・通信・運搬・決済などのツールを最大限に活用した上で、独自で時に競合的な広域的展開を生み出したことを指摘する。また、この検証を通じて、こうした商人のネットワークが、国家などが提供する制度基盤に依存・寄生しつつ、同時に、血縁や地縁、宗教などの紐帯を活用した内的秩序をあわせ持ち、それが、広域ネットワークの独自性を創成・維持する原動力にもなっていたことを示す。

この時代、広域秩序は、覇権的もしくは独占的な外部起源の主体に先導されつつ、実際には、アジアの自生的もしくは内在的な秩序や論理、制度がつくり出す移動や拡散、越境に補完され、同時に競合的挑戦を受けて揺れ動いていたのであり、広域秩序の管理としてのグローバル・ガバナンスの課題も、まさしく、こうした多層的・多元的な秩序の諸原理を調整する作業として突きつけられていたのである。

また、もうひとつ強調することは、インド人商人の本章の意味での広域ネットワークが、典型的には、食糧品および軽工業製品や手工芸品などの雑貨のビジネスにおいて展開されたという事実である。ここでは、紙幅の関係上、この雑貨・食糧品ビジネスについての具体的な記述はやや控えめにしつつ（大石二〇〇七）、越境するヒトやモノと広域秩序や地域秩序の主体として帝国や国家などとの歴史的関係について、できるだけ理論的な展望を示すよう努める。

1　ニッチとしての雑貨ビジネスの誕生と創生

広域ネットワークの歴史的継続性と質的・量的変化

本章で取り上げるインド人商人の広域ネットワークは、植民地支配や植民地経済の只中で拡大した一九世紀中葉以降のものであるが、インド人商人の広域的な活動自体は、アラブ系やペルシア系、マレー系など、他の在来の商人のものとともに、それ以前から継続して見られた。大きく見れば、それは、インド洋とその周辺地域を舞台として、(一)モンスーンや吹送流、ダウ船などの航海と移動の原動力、(二)香辛料や象牙など、希少な植物・動物資源の需給関係、(三)ヒト自身の移動・移住性、(四)文化・宗教・思想などの波及、などに支えられていた(家島 一九九三)。また、特にインド人商人の場合、インドや東南アジア特産の綿布や絹製品、藍、香辛料などを、紅海やペルシア湾などの交易結節地域まで中継する遠隔地貿易の重要な役割を担っていた(長島 一九七六、辛島 二〇〇三)。

また歴史的に見れば、一七世紀前半まで各地の陸上政権が一定の安定を見たことや、新興の港市国家の成立を促すなど、東南アジアでイスラームが各地の基層文化の上に共通の規範を提供したことも、インド洋海域世界での「貿易の時代」を演出した。しかし、一七世紀中葉から一八世紀には、イギリスやオランダなどの介入により海路や港湾利用の規制、さらに特定物産の独占などが、しばしば武力を伴って行使され、その結果、貿易の局地化や遠隔地貿易の混乱を迎えた（リード 一九九七、弘末 二〇〇四）。本章で取り上げる一九世紀中葉以降のアジア商人の広域ネットワークは、西欧植民地体制や西欧資本の導いた秩序のなかで、再度、活性化し拡大したものと捉えることができる。しかし、それは、一九世紀前半以前に見られた従来のネットワークとのあいだに、質的・量的な違いや変化を有していた。

まず、ネットワークは一九世紀半ば以降、汽船の登場とその利用により、従来の風や海流の規定性を克服していった。たしかに、ダウ船などインド洋海域の在来帆船は、沿岸交易やインド洋海域の一部で、二〇世紀まで十分に残存し、むしろ、海域全体の貿易の拡大がそうした部分に波及効果を及ぼすこともあった。しかしながら、多くのインド人商人は汽船を積極的に活用しながら、貿易事業に参入し成功した。彼らのなかには、中古や中型の商用汽船を所有する一部の有力商人も現れたが、多くは、定期航路や不定期チャーター船における船腹をその都度、契約購入し、貿易に従事したのである。また、このことは、いうまでもなく、遠隔地とのビジネスに参入できる潜在的な機会が、大きな元手を持つ大商人や政治権力関係者だけではなく、中小規模の商人にも広がったことを意味した。

貿易に従事する商人や貿易管理者の変化は、政治的な体制変化によっても引き起こされた。つまり、一九世紀はじめまでは、イギリスやオランダ、ポルトガルなどの特定の国の領有する港湾や港市への入港やそこでの貿易は、その当該領有国の船籍やその都度特別に認可された船にしか認められておらず、また、認められたとしても、適用される関税率など、貿易条件に格差があった。また、貿易は、大きな利潤を生む希少天然資源（香辛料やアヘン、象牙など）などを中心にして、その取扱いが、各国の東インド会社やその関係者、もしくは彼らが指定した一部の商人や政治権力近接者に、特権として委ねられていた。こうした状況は、一九世紀前半に、イギリスが東インド会社の貿易特権を廃止し、さらに、新たに獲得したシンガポール（一八一九年）などを自由港として、船籍によらない平等な貿易活動の保証や輸入関税の非課税を実施するなど、いわゆる自由貿易を導入していったことにより、大きく変わった（Wong 2003）。ヒトの交流やモノの交換を円滑かつ低コストに実現させるこうしたシステムは、イギリスが管轄する船舶・貿易網への収斂性を高めることになり、ほかの西欧諸国も、対抗上、次第にこの自由貿易主義の流れに参入せざるを得ない状況となった。こうした新しい環境は、たしかに西欧の政治経済的支配のなかで展開されたものだったが、アジアの在来商人に、さまざまな地域や物産への新規参入の可能性を拓いた。

また、一九世紀半ばから後半にかけて、ヒトやモノの移動手段に加えて、通信手段や決済の機構が急速に拡散し同時に迅速化したことも、アジアの在来商人が広域ネットワークを新展開させていくひとつの前提となった。もちろん、当初から郵便や電信電報、送金などは、優れて政治的なツールであって、その設置・維持コストの管理からルート選定、料金設定まで、西欧諸国の植民地戦略や有力資本の経済戦略のなかで操作された。しかし、最終的には、こうした新ツールは独占されることはなく、一定の開放的な使用に供する体制のなかで維持された（Wong 2003, pp. 72–74）。それゆえに、アジアの商人のネットワークは、こうした移動・通信網、そして、前記のような自由港や植民地都市、居留地が導く延長上をトレースして、まさに、拡大していったのである。

小口取引の反復・集積——ニッチの諸条件と前提

一九世紀後半から二〇世紀はじめの段階における世界市場へのアジアの統合が、アジア内部の国際分業関係の発展を伴って成立したという事実については、アジア間貿易という問題軸とともに、鋭意、研究が積み重ねられてきた。また、この議論において、欧米向け一次産品輸出やアジア間での棉花・綿製品取引に改めて関心が寄せられ、特に後者に介入した華僑やインド人商人の意味についても、焦点が当てられている（濱下・川勝 一九九一、杉原 一九九六、籠谷 二〇〇〇）。だが、本章で主に扱う雑多な軽工業製品や食糧の取引は、生存と暮らしを直接支える生活雑貨としての重要性や、在来のアジア商人の集中的な介在という事実にもかかわらず、これまで十分に注目されてきたとはいいがたい。この点で、本章は、アジア間貿易の議論のなかで主役であった綿業基軸体制の視点を補完する意味も有している。

一九世紀半ばに用意された遠隔地取引のインフラは、インド人商人に可能性を示唆したのであって、直接、商業機会や有力商品を提供したのではない。彼らの商機の選定は、相当程度、潜在的な競合相手である西欧資本や一部の大手在来資本の動きを見据えて行われた。たとえば、棉花やインディゴ、ジュートなどは大がかりなビジネスとして現出したが、ここでは、経営代理会社として成長した欧米系の会社（日本の棉花買付け会社も参入）など、大規模な資本に組織性を兼ねそなえた経済主体が圧倒的に優勢であり、搬出過程に、在地の関係性や情報網を生かしながら一部のインド人が相伴していたが、その間口は限定されていた。このほか、お茶やコーヒー、サトウキビ、ゴムなど、インドやインド洋周辺の英領地で展開されたプランテーション事業は、土地取得や技術移転、労働力調達などの関係で、在来資本の介入は相当に困難な分野だった。

たしかに、一部のインド人は、この時期に資本蓄積を果たして紡績事業や土地投機、さらに、鉄鋼事業や化学工業などで成功を収めた。彼らのなかには、現代インドの有力財閥の礎になった者もいる（小池一九七九、伊藤一九九〇、三上一九九三）。しかし、一九世紀半ば以降にインド洋周辺域やそれを超えた遠隔地に進出し、広域ネットワークを構築した本章で取り上げているようなインド人商人は、元手のかかるこうした大がかりな事業で勝負しようとしたのではない。彼らが活動の場を見出したビジネスは、前記のような新しい商業インフラにいち早くアクセスし、情報・決済・運搬を可能な限り迅速に処理しながら、雑多な生活関連商品を広域的な展開のなかで流通させるスタイルであり、その取引は多種目・多規格のものを小口取引で地道に積み上げていくものであった。ニッチとしてのこうしたビジネスが、地縁や血縁、宗教の紐帯なども有効利用しつつ（後述）、欧米やアジアの大規模資本に対峙した競合的関係は、模式的に**図1**のように整理される（マッチ輸出業に関する分析に基づく。Oishi 2006）。

小口取引の集積・反復としてのこうしたニッチ・ビジネスとして、どのような商品が成立したか。後述するインド人商人の実際の広域ネットワークの経験のなかでは、以下のような特徴を指摘できる。

・大手資本がその資本規模を効率的に利潤確保に結び付けたような原材料や一次産品ではなく、加工を伴う生活消費財であって、消費者の嗜好や個人の体格、製品の用途により、デザインや規格などの細分化が前提となっているような商品。

・装飾品や工芸品、内装品など、伝統的な文化的意味付けが織り込まれており、製造工程も手作業的な部分を前提にしているもの。

・工業製品であっても、軽工業製品であり、手作業的な部分などの部分的加工やアレンジに

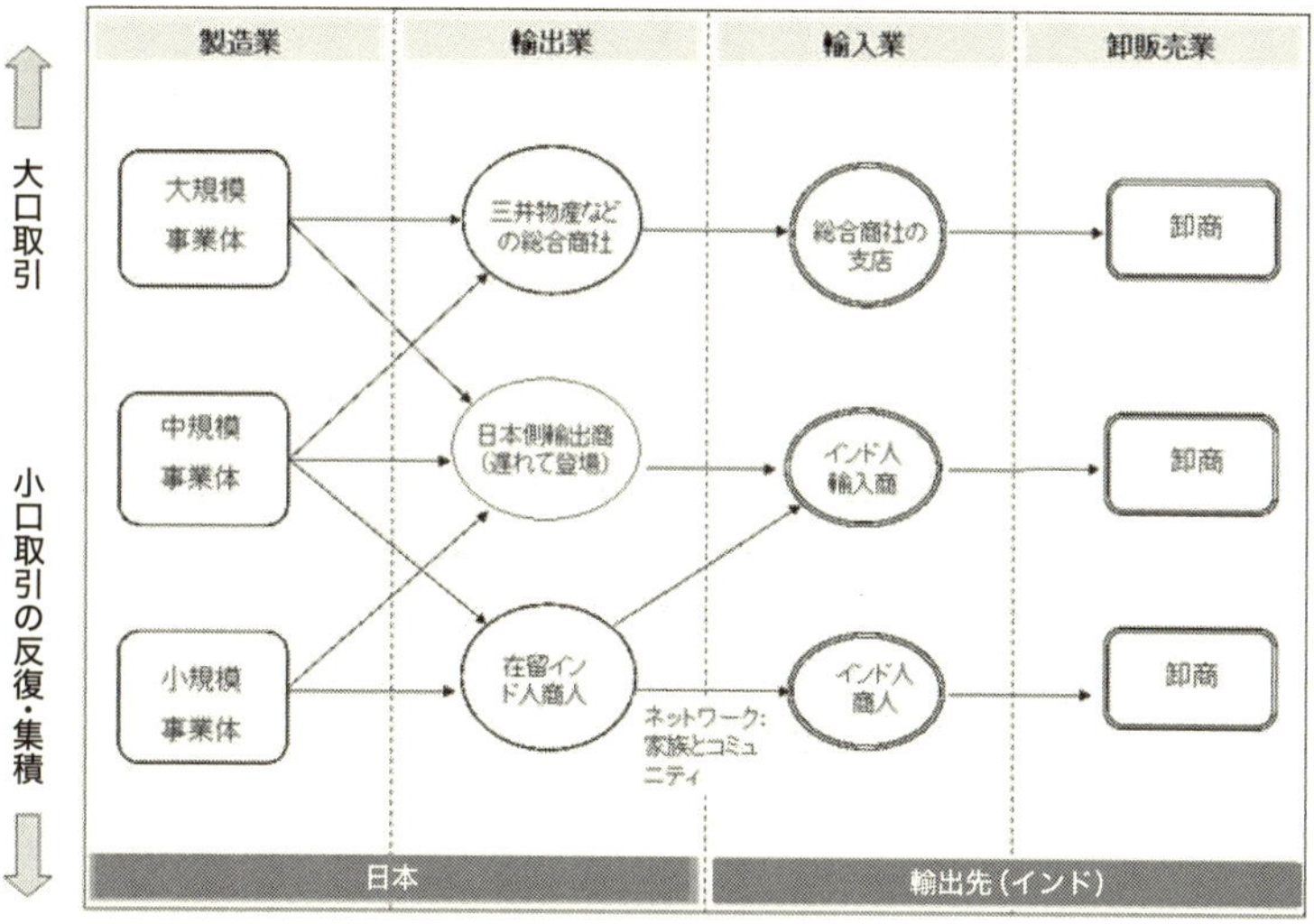

図1　小口取引の反復・集積とその位相

より文化的な色付けもしくは「ひねり」が施され、意図的に、商品の差別化・細分化が施されているようなもの。

・一次産品でも、食糧や嗜好性食品のように、消費者の嗜好が直接反映されやすく、それゆえに、市場の細分化度が高いもの。

このような諸条件に該当する商品が、具体的には、インド人商人の広域ネットワークにより、どのように選択・製造・創造され、流通・消費されたか、以下に概観する。

雑貨・食糧品ビジネス——移民労働者社会、植民地フロンティア、日本製品

インド人商人ネットワークがその伸張の矛先を向けた大きな市場のひとつは、インド人移民労働者がインド洋周辺の諸地域につくり出した新たな定住者社会であった。モーリシャスのサトウキビ増産にあわせて一八三〇年代に初陣が送り込まれて以降、インド人労働者は、大英帝国のなかで奴隷にかわる労働資源として、ナタール、フィジー、セイロン、マラヤなどでのプランテーションで活用された。問題は、移民労働者のリクルート制度が、事実上、定住者社会をつくり出すことを容認しておきながら、その直接の目的である労働力提供という部分に偏重した仕組みしか構築することができなかったことである(具体的事例としての年季契約制度やカンガーニ制については、以下の邦文研究も参照。脇村 一九八三、重松 一九九九)。しかし、実際には、帝国の広域システムのこうした欠落部分に、まさしくもうひとつの広域システムであるインド人商人のネットワークが吸着して、前者を補完したのである。より具体的には、商人ネットワークは、インド人労働者の基本的食糧となるコメ、豆（ダール）、干し魚、食用油などから、タバコや酒、ビンロウ（檳榔）などの嗜好品、綿布や毛布（カンバル）、さらに、祭祀や娯楽関係の物品まで、各種の雑多な商品をインド方面より調達した（大石二〇〇三、三〇二―三〇五頁）。

ヨーロッパの帝国の成り立ちを補完したもうひとつの文脈は、植民地フロンティアにおける雑貨提供の役割である。たとえば、金鉱山の発見により入植者の急増を含めて地域経済の拡大を見た南アフリカや隣接のモザンビークにおいて、ジョハネスバーグやダーバンなどの中核都市、さらに地方の町には、インド系（特にムスリム商人）の雑貨店が進出し、インド人移民のみならず、欧米系やアフリカ系の顧客を獲得した。商品は、都市部の上級雑貨店では、インドから持ち込まれた東洋趣味の手工芸品も交えたが、基本的には、欧米やインドから持ち込まれた簡易保存食、衛生関連品、服飾品などの生活雑貨であった。また、多くのインド人商人は路上販売や行商も行った。こうしたビジネスは、治安や衛生、商業インフラなどが十分に整っていない植民地フロンティアにおいてあえてリスクとコストを背負いつつ商業機会を攻撃的に追求するものであり、総体的に見れば、帝国や地域の秩序形成を補完したのである（Oishi 2002、大石二〇〇三）。

また、日本から提供されるようになった雑多な軽工業製品をインドおよびインド洋周辺地域に集中して流通させたのも、インド人商人のネットワークであった。日本には一八九〇年代から徐々にインド人商人の滞留がまとまって見られるようになり、彼らのなかでは、絹製品や東洋趣味の工芸品などを集中的に扱ったシンド地方出身のヒンドゥー教徒の商人（Markovits 2000）のほかに、グジャラートやカッチ地方などインド西部出身のムスリムが多数見られた。後者のムスリム商人が、一九二〇年代前半まで集中的に取り扱った商品のひとつが、豊富な適合木材資源や低廉な労働力などを活用してアジア市場向けの輸出品として成立していた日本製マッチである。日本燐寸《マッチ》製造（株）や三井物産など大手資本は、南洋市場への直接販売や独占的地位を狙って輸出事業を手掛けたが、これに対して、滞日のムスリム商人たちは、貼付ラベルに神像や神話の図絵、宗教建築物、王や民族運動指導者の肖像画、伝統衣装の人物など、インド固有の宗教・文化的イディオムを持ち込んで、「文化的商品」を仕立て上げ、独自の販売シェアを獲得した。また、一九二〇年代以降は、特に、硝子、ゴム、セルロイド、アルミニウムなどの製品が日本で飛躍的に発達し、これらもインド人商人の手を介して集中的に輸出された。この際、彼らがとった戦略は、これらの製品のなかでも、装飾品や化粧用品、文具、食器、工具などの生活消費財に特化すること、そして、しばしば規格や付加的装飾などで「文化的ひねり」を施し商品の分別化を図ることであった（Oishi 2004, Oishi 2006）。

インド人商人の広域ネットワークがつくり出したニッチは、当時の花形の植民地経済や資本集約型経済の残余としてのみ存在していたのではなく、それを補完的に成立させる必要不可欠の「隙間」の要素をあわせ持って成立していた。また、他面では、文化や宗教などの規範を商品やサービスに戦略的に投入することで、組織性を備えた大資本が手掛ける標準化志向の商品展開や大がかりなビジネスに対して、並行的もしくは対抗的な機軸を提示する存在でもあった。

2 広域ネットワークの外在性と内在性

外在性

第九章に収められている華僑・華人ネットワークに関する陳來幸の「華僑・華人のネットワーク――中華総商会を中心に」は、海禁政策などにより国家の制度的サポートが望めない状況のなかで、会館や公所など非国家的な枠組みによる下からの信用保証が、歴史的にネットワークを独自に形成させ、それが、清末民国成立期以降は商会制度という国家的仕組みにも支えられながらさらに伸張したことを明らかにしている。これに比して、本章で焦点を当てている一九世紀中葉以降のインド人商人の広域ネットワークは、ほとんどの場合、イギリス帝国が保障する英臣民としてのさまざまな制度的保障を基盤にして成立していた。つまり、ここでは、国家的な保障の基盤自体が、英帝国自体の地理的広がりと英帝国が各国と結んだ条約によって、インドを超えて広域的にお膳立てされており、インド人商人のネットワークは、相当程度、こうした外在的基盤の上を遡行して拡散したのである。

英臣民としての制度的な保障とは、何よりも、英パスポートの所持により確保された移動と出入国の自由、そして財産と生命の安全であった。たとえば、日本の神戸に滞留するようになった中国系商人の場合、日本のいわゆる開港が一部の欧米諸国に対するものであった以上、当初、そうした欧米系商社が結果として身分保障を代行する買弁《ばいべん》（欧米などの商社が、中国やアジアの各地で貿易活動などに参入しようとする際に取引契約を結んだ中国人商人）や使用人として神戸に滞留し、日清修好条規の締結（一八七一年）以後も、欧米系居留者に貸与された居留地ではなくて、現在の華人街の起源ともなった隣接の雑居地でしか居住と商業活動を行うことができなかった。これに対して、インド人商人は、最初から英国人として居留地に商会を確保し、商業活動を展開することができたのである。

インド系商人のネットワークが公的権力から保障された制度的基盤は、具体的な商業権益にも及んでいた。たとえば、特にアフリカの英領諸地域で大きな意味を持った営業ライセンスは、事実上、現地アフリカの潜在的起業家層を排除して先取占有的に発給されており、インド人商人は、雑貨店や簡易食堂などの経営から露天商や行商の運営に至るまで、非常に攻撃的にライセンス取得を行った（Oishi 2002, pp. 332–337）。また、日本を起点として彼らが展開したマッチの輸出業が、日本の特許局におけるラベルの商標登録を通じて、国家の裏付けを持つ既得権益となっていたことも重要である。この制度的結びつきを通じて、日本の大手業者からの図像権益の防衛や、インド人商人間での競合関係の調整と秩序維持が図られたのである。

インド人商人の広域ネットワークが商業会議所的な組織を持つことは、華僑・華人の場合に比べて歴史上事例が少なかった。また、設立された場合でもその時期は遅かったし、先行した華僑・華人の組織ほど実質性があったことは考えられない。確認される商業会議所の設立の事例として、シンガポールで一九三五年、日本で一九三七年などである。しかし、ここで注目すべきは、実際には、特に英帝国内の各所で商人や植民地行政従事者によりインド人の政治団体が早期に設立されていることである。たとえば、ナタール・インド人会議（一八九四年）、東アフリカでのインド人協会（一九〇六年）、マラヤ主要都市のインド人協会などである（Bhana 1997, Khoo 1992）。こうした政治団体の成立は、まさに、前述のような英国臣民として享受された保障が、彼らに、経済権益そのものの追及や調整という訴えを設定させずに、むしろ、既得の政治的立場の保全という目標を設定させたことによろう。特にこれらの地域においては、商人を含むインド人中間層の台頭が植民地当局に憂慮されるようになり、一部で、移動の制限などが実施されようとしていたし、加えて、アフリカ系やマレー系など旧来の住民とのあいだの均衡という課題も想定されるようになっていたからである。華僑においては、清国末期以降に発揚を見た中華ナショナリズムは、特に滞留・移住先での身分保障や集団的な利益創出の面で、強力な戦略的基盤となった。しかし、多くのインド人移民や商人にとって、「インド人」としての団結は、英臣民としての身分保障の継続を促す組織性の体現だったのでもあり、その意味で、直線的ではない発現を見せた（以下も参照。古賀ほか二〇〇〇、長崎二〇〇四、六五－七五頁）。

内在性

インド人商人のネットワークは、たしかに英帝国などの国家制度によって、相当程度、その存在と機能を保障されていた。しかし、それが、本章前半に述べたようなニッチとしての雑貨・食糧品ビジネスを展開していくためには、やはり、華僑・華人ネットワークでも積極的に試みられたように、血縁、地縁、コミュニティ（宗教やカースト）などの内在的な資源も有効活用する必要があった。つまり、これは、滞在や身分そのものを保障するというよりも、有限の人材や資本を可能な限り有効に活用しながら、同時に、市場を寡占的に分配していくという課題に向き合った際に生み出される情報と富の操作システムであった。

たとえば、南アフリカやモーリシャスには、メーモンというスンニ派の特定コミュニティの商人が多く、そのなかでも特定の町の出身者の一群を確認できる。また、日本にネットワークを伸張させたムスリムのなかには、ボホラーやホジャーというシーア派のなかの分派が、多数見られた。また、前述のシンド地方出身の商人のなかでは、ハイダラーバードという特定の町の出身者がほとんどだった。また、マレー半島やセイロン、ビルマで金融業に従事したのはチェティアというタミルの特定のカーストだった（Mizushima 1995）。このように、特定のネットワークのベクトルと個別のコミュニティとのあいだに、一定の突出的結びつきが認められる。コミュニティから地縁、家族まで含めて、さまざまな内在資源に基づく関係性は、具体的には、特定滞留先での成員間の情報交換によるビジネスの操縦、支店網運営の際の補完的人材の調達と循環、大幅損失など緊急時の補完的資金の注入などとして機能した。また、宗教自体も、しばしばネットワークの統率力(逸脱者の抑止)を高める役割を果たした。たとえば、ビジネス上の成功者やネットワークの結節点の取りまとめを務めた者には宗教的な意味での地位の階梯にも上昇が見られたり、そうした人物の寄進により、宗教施設が新設されるなどした。また、子弟の祖国留学などにより、商人層のなかから宗教指導者が輩出された。このようにして、ビジネスネットワークと宗教ネットワークとは補完し合った(大石 二〇〇三、三二〇―三二一頁)。

地域への接合

インド人商人の広域ネットワークは、基本的には、複数地域を結ぶという行為を主軸にしていたが、商品の調達と市場へのアクセス、さらに、居留・移住先での居住という日常の営みを内包している以上、地域そのものとの関係を安定化させる課題を不可避的に背負っていた。ここで、特に脅威となったのが、近現代のアジア・アフリカで台頭したナショナリズムである。外来者や越境者の存在を「国民」の範疇から退けて排撃の対象にしたナショナリズムは、直接に、そうした人々自体を攻撃するか、扱われているモノを標的とした。たとえば、日本では、それは輸出貿易で特に優勢であった滞日の外国人商人を排撃し、日本人商人の海外直接取引を奨励する運動を導いた。この「直輸出」の唱道者の一人前田正名《まえだまさな》は、マッチも取り上げて、日本側業者の団結を訴えた。他方、商社や製造業者にも、貿易権益の確保・拡大を目指す動きは見られるようになり、日本政府側からの制度的支援も受けつつ日本側業界の団結を図った（Oishi 2005, pp. 144–148）。また、一九〇〇－二〇年代のインドでは、スワデーシ（国産品愛用）の思潮が、前述のマッチをも攻撃の射程に収め、日本を含めた輸入マッチに代替すべく、資本や企業家、技術者、機械などをインド起源のものに限定する国産品の製造を振興した（Oishi 2004, pp. 72–78）。インド民族主義は、このように、広域ネットワークに対する疎外的な面をあわせ持った。

商人ネットワークは、ナショナリズムの排撃に対応すべく、地域との戦略的接合を図った。たとえば、インドでは、宗教寄進や寄付などを通じて都市レベルでの社会性の演出が図られた。また日本では、家族経営的な中小の日本人事業者とパートナーシップを結ぶことが、重要な戦略であった。日本製品輸出の関連で見たように、この結びつきは、一方で、多種・多規格の商品を小口に展開する目的を有していたが、他方では、販売網の伸張を志向しがちな大型の会社組織よりも、対等で安定的な関係の構築が見込めるという選択に基づいていた。たとえば、インド人商人と日本人製造業者の場合、名称併記などを通じた商標上での「結婚」（**図2**）や資本の相互乗り入れなどを通じて、パートナーシップが実現された。日印の中小事業者は、こうして国境やナショナリズムを超える関係を、家のレベルから構築したのである。

3 結びにかえて――ネットワークの縮小と排他的再構築

インド人商人の広域ネットワークは、家やコミュニティ、宗教などの内在的資源を活用し、滞留・移住先にも戦略的な地域接合をつくり出したが、それでも、英帝国の広がりという外在的制度の保障を前提にしていた。それゆえに、第二次世界大戦を転機とする政治体制の転換と英帝国の広がりの喪失は、必然的にネットワークに大きな動揺を与え、事実上、縮小させた。また、アジアの多くの新興国家が採用した輸入代替工業化と食糧自給という大きな方向性は、輸入関税の上昇などを通じて、まさに本章で焦点を当てた雑貨・食糧の広域ビジネスというニッチを確実に縮小させた。さらに、アパルトヘイトの導入によって決定的になったインドと南アフリカの断交というような政治的反目も、大きな影響を与えた（大石二〇〇一、大石二〇〇四、二五〇―二五六頁）。

現在の世界的な貿易自由化の波のなかで、インド人商人の広域ネットワークにも、回復の契機が提供されている。

図2 商標上での家の「結婚」

しかし、ここで、新たな局面として注目されるのは、自由化の只中で、極端に閉鎖的かつ排他的なネットワークを構築しようとする動きが見られるようになっていることであろう。既述したように、一九世紀中葉から形成されたインド人商人ネットワークのなかにも、西欧の植民地体制や経済的枠組みとの補完的関係に加えて、すでに、競合や対抗という要素は含まれていた（ハッジ巡礼者汽船運送業の事例も参照。Oishi 2003）。しかし、新たに構築されようとしているのは、製造から流通、消費までを特定の集団のなかに限定し、その閉鎖性の向こう側に対抗軸となる他者を設定する極端に排他的なネットワークである。たとえば、ヒンドゥー・ナショナリズムのインドを超えた資金調達の展開に便乗している一部のインド人移民や資本家の動きや（Geithner, *et al.* 2004）、欧米のムスリム移民社会やアジア各地で拡大しているハラール食品（イスラーム法概念のなかで許された食品を指す。種類や加工法などにより規定される）のビジネスに巧みに介入しているインドのムスリム商人の動きが挙げられる。こうした動きは、広域的なネットワークの一形態には違いないが、極端な対抗的排他性は新局面であり、今後の展開が注目される（Cooke &Lawrence 2005）。

参考文献

伊藤正二編（一九九〇）、『発展途上国の財閥』アジア経済研究所。

大石高志（二〇〇一）、「インドと環インド洋地域 一九九〇年代以後の経済優先主義的展開とその歴史的前提」『国際政治』一二七号、一一一―一三一頁。

同（二〇〇三）、「南アフリカのインド系移民―商人・移民のネットワークと植民地体制との交差と相補」、秋田茂・水島司編『世界システムとネットワーク』東京大学出版会。

Oishi, Takashi, 2002, 'Indian Muslim Merchants in South Africa, 1875–1920: With Special Remarks on their Migration in the Indian Ocean Region,' *South Asian Migration in Comparative Perspective: Movement, Settlement and Diaspora*, 国立民族学博物館.

大石高志（二〇〇四）、「ムスリム資本家とパキスタン ネットワークの歴史的形成過程と地域・領域への対処」、黒崎卓・子島進・山根聡編『現代パキスタン分析』岩波書店。

Oishi, Takashi, 2005, 'Intra-regional Network and Nation: A Historical Examination of Indian Muslim Merchants,' in Nagasaki, Nobuko, ed., *Democracy and Development in South Asia: East Asian Comparative Perspectives*, Ryukoku University.

大石高志（二〇〇七）、「雑貨・食糧品ビジネスの探求―インド人商人ネットワークの広域的展開」『自然と文化そしてことば』四号、葫蘆舎。

籠谷直人（二〇〇〇）、『アジア国際通商秩序と近代日本』名古屋大学出版会。

辛島昇（二〇〇三）、「中世インド洋における商人ギルド「五百人組」の活動について」『東方学』東方学会。

古賀正則・内藤雅雄・浜口恒夫編（二〇〇〇）、『移民から市民へ―世界のインド系コミュニティ』東京大学出版会。

小池賢治（一九七九）、『経営代理制度論』アジア経済研究所。

重松伸司（一九九九）、『国際移動の歴史社会学―近代タミル移民研究』名古屋大学出版会。

杉原薫（一九九六）、『アジア間貿易の形成と構造』ミネルヴァ書房。

長崎暢子（二〇〇四）、『インド―国境を越えるナショナリズム』岩波書店。

長島弘（一九七六）、「一六世紀インド海上貿易の構造―主要貿易品の分析を中心として」『東洋史研究』三五巻、二号、一七三―二一〇頁。

濱下武志・川勝平太編（一九九一）、『アジア交易圏と日本工業化―一五〇〇―一九〇〇』リブロポート。

弘末雅士（二〇〇四）、『東南アジアの港市世界―地域社会の形成と世界秩序』岩波書店。

三上敦史（一九九三）、『インド財閥経営史研究』同文舘出版。

Mizushima, Tsukasa, 1995, 'A Historical Study on Land Transaction in a Perak Kampong,' *Malaysia, Regional Views*, No. 8, Komazawa University.

家島彦一（一九九三）、『海が創る文明―インド洋海域世界の歴史』朝日新聞社。

A・リード著、平野秀秋・田中優子訳（一九九七）、『貿易風の下で』法政大学出版局。

脇村孝平（一九八三）、「インド人移民と砂糖プランテーション―モーリシャスを中心にして」、杉原薫・玉井金五編『世界資本主義と非白人労働者』大阪市立大学、第三章。

Bhana, Surendra, 1997, *Gandhi's Legacy: The Natal Indian Congress 1894-1994*, Pietermaritzburg.

Cooke, Miriam and Lawrence, Bruce B., eds., 2005, *Muslim Networks: From Medieval Scholars to Modern Feminists*, Permanent Black.

Markovits, Claude, 2000, *The Global World of Indian Merchants, 1750-1947: Traders of Sind from Bukhara to Panama*, Cambridge University Press.

Oishi, Takashi, 2003, 'Friction and Rivalry over Pious Mobility: British Colonial Management of the Hajj and Reaction to it by Indian Muslims, 1870–1920,' in Kuroki, Hidemitsu, ed., *The Influence of Human Mobility in Muslim Societies,* Kegan Paul.

Geithner, P.F., Johnson, P.D. and Chen, L.C., eds., 2004, *Diaspora Philanthropy and Equitable Development in China and India*, Cambridge, Mass.

Kim, Khoo Kay, 1992, 'The Indian Association Movement in Peninsular Malaysia; the early years,' *Journal of the Malaysian Branch of the Royal Asiatic Society*, 65(2).

Oishi, Takashi, 2004, 'Indo-Japan Cooperative Ventures in Match Manufacturing in India: Muslim Merchant Networks in and beyond the Bengal Bay Region 1900–1930,' *International Journal of Asian Studies*, Vol.1, No.1, Cambridge University Press.

Oishi, Takashi, 2006, 'Comparative perspectives on Indian merchants' intra-regional networks: A review from the state and 'big business,' A paper at XIV International Economic History Congress, Helsinki, August 2006.

Wong, Lin Ken, 2003, *The Trade of Singapore 1819–1869*, rept.

終　章　過去と現代のあいだ
——グローバル・ヒストリーの視座から

入江　昭

本書に収められている諸論文は、現代および過去におけるグローバル・ガバナンスの実例を示し、その研究に貢献しようとするものである。第Ⅰ部では最近の世界のなかでグローバルな動きがどのようにガバナンス、すなわち何らかの秩序を形成するようになっているのかが論じられ、第Ⅱ部では、ひるがえって過去における秩序形成のいくつかのケース・スタディが提供されている。いずれも類書には見られない新しいデータや視角を提供する力作であり、私たちが日頃抱いている歴史理解の常識の見直しを迫るものだといえよう。

歴史、ことに近世や近代の歴史は、国家を中心として理解されることが一般である。世に出ている歴史書の大半は特定の国の歴史であり、また数少なく存在する地域史(例えばヨーロッパ史)や世界史の類いも、ただいろいろな国の歴史を寄せ集めたものにすぎない場合が多い。国という単位を離れて時の流れをたどる試みは長いあいだなされてこなかった。一方、国と国とのかかわりあい、すなわち国際関係の歴史は長いあいだ研究されてきたとはいえ、そのほとんどすべてが国家という主体同士の交渉(外交)や対立(戦争)に焦点を当てたものであり、国家以外の組織や単位、例えば企業とか労働人口とか女性とかも国際関係の重要なテーマとして認識されるようになったのは、きわめて最近のことである。その意味でも、本書は現代世界各地で試みられている、国家や国境にとらわれない歴史(それはグローバル・ヒストリーあるいはトランスナショナル・ヒストリーと呼ばれているが)の可能性を探る、まさにグローバル、トランスナショナルな動きの一部だということもできよう。

本書の各章が示すように、どの時代にあっても国家が人間社会のなかで占める地位や権限には限りがあった。第Ⅱ部の諸論文は、一九世紀以前の世界において国境を越えた地域的なつながりや、国内における非国家的存在(ノン・ステート・アクターズ)が重要な役割をはたしていたことを示しており、第Ⅰ部では二〇世紀末期から二一世紀はじめにおけるグローバルないしトランスナショナルな流れに注目している。本書全体を通しての大きな貢献の一つは、そのようにして歴史における国家の権力や主体性を相対化していることである。もちろんどの時代にも国家ないし類似の政治的統合体は存在していた。しかしそれは絶対的な存在ではなかった。私たちが歴史を理解する上でバランスのとれた見方をするためにも、国家を相対化することはきわめて必要である。

世界秩序ないしは国際社会において、主権独立国家、あるいは国民国家というものが根本的、決定的な意味を持つようになったのはいつ頃からだろうか。通説では一七世紀ヨーロッパにおける三〇年戦争後のウェストファリア講和会議（一六四八年）の名をとって、ウェストファリア体制というものが、主権国家を中心とした国際社会構成の発端だとされる。しかしそれはヨーロッパの一地方にできあがった体制をもって、あたかもそれが世界全体にも通ずる特色であるかのように論ずるもので、グローバル・ヒストリーの枠組みの中では受け入れられるものではない。一七世紀の世界においては、オスマン帝国や清帝国のような、独立主権国家とは異なった形態を持つ秩序が存在していた。当時グローバル・ガバナンスというものが存在していたとすれば、それはウェストファリア体制によってというよりは、むしろ中近東やアジアにおける多民族帝国のほうが、安定した秩序をつくり上げていたとすらいえるのである。そのような状態が主権国家中心の世界へと発展する、すなわちウェストファリア体制が名実ともにグローバルなものとして実現するようになるのは、いつ頃からのことだろうか。それはとりもなおさず、西欧が世界において勢力、影響力を増大させていくときでもある。いわゆる「西洋の勃興」（マクニール William McNeill が一九六三年に出版した本のタイトルが *The Rise of the West* だったことが想起される）の始まりで、マクニールもその後の歴史家も、この現象が一八世紀後半に始まったことでほぼ一致している。最近ではベイリー Christopher Bayly の大作『近代世界の誕生』も同じ見解をとっている。しかしこの書物において、ベイリーは、「近代世界」の中には欧米だけではなく、中近東もラテンアメリカもアジアも含まれているとする。ベイリー、マニング Patrick Manning、マズリシュ Bruce Mazlish のように、最近グローバル・ヒストリー関係の著作を発表している歴史家のほとんどすべてが、世界各地間のつながりやネットワークを主なテーマとしているだけに、ある現象が西洋だけのものだとする「例外主義」はとらない。したがって「近代」の特徴である主権国家の成立とか、産業革命、科学技術の発展といった諸要素も、オスマン帝国や南米や中国などにも見られたのだ、とするのである。

しかし主権国家の成立と発展というテーマに関する限り、ヨーロッパ以外の土地で一七五〇年という時代区分にはあまり意味がない。独立主権国家が成立するのは、中南米では一九世紀前半、そして中近東・アフリカ・アジアの大部分においては二〇世紀になってからのことである。したがって主権国家の時代というものがあったとすれば、世界の多くの地域においては、それは二〇世紀の現象なのだといわざるを得ない。しかしながら、現実はともかく、主権国家ないしは国民国家という概念が世界各地に広まるのは、一九世紀後半だった。当時植民地だった地方においても、独立を目指す運動が始まっていたことを想起すべきである。帝国主義の時代の一つの特徴は、それに対するアンチテーゼとしての反帝国主義を内在していたということである。

そのように見てくると、主権国家が決定的な意味を持つようになったのは一九世紀末期、すなわち一部の強大国による帝国主義支配の出現する頃からだといえるのではないか。歴史家のあいだでは、一八七〇年を一つの区切りとする見方があるが、筆者もそのような時代区分に賛成である。一八七〇年以降の世界においては、主権国家が間違いなくもっとも強力な政治・行政単位、人間集団として出現する。そのうち少数の国家は海外に領土を拡張、帝国主義国家となっていく。そしてその過程で反植民地闘争、民族解放運動を触発するのであるが、後者の目指すものも独立主権国家にほかならなかった。

もっともその時代においても、現実あるいは仮定としての国家が国際社会のすべてだというわけではなかった。一九世紀末期から二〇世紀初頭にかけて、国境を越えたいくつかの流れが明確となる。その一つは技術・経済面でのもの、すなわちグローバリゼーションである。グローバル化と帝国主義の関係については、まだ十分に掘り下げた研究書は出ていないが、少なくとも二〇世紀前半に関する限り、この両者は相反する傾向を持っていたこと、そして根本的には帝国主義やその根底にあった主権国家主義のほうが、グローバルな動きよりも歴史を動かす力を持っていたといえる。それを如実に示したのが一九一四年に始まる世界大戦で、通常この戦争はヨーロッパ諸大国間の勢力争いの一端としてとらえられるが、グローバル・ヒストリーの文脈では、むしろ一九世紀後半に始まったグローバリゼーションの波が急停止したできごととしたほうが妥当であろう。しかもこの急停止、すなわち反グローバル化の動きは大戦が終結されても収まらず、一九二九年以降は世界経済危機となって、国際社会を分裂させてしまう。第二次世界大戦の意味も、帝国主義の流れがグローバル化よりもはるかに強力であったことにある。

グローバリゼーションと並んで、文化交流はじめ多くの非政府団体によるトランスナショナルなつながりも、一九世紀末期以来加速的にできあがっていく。いわゆる文化的国際主義である。女性運動の組織化や有色人種間の結束、さらには学術交流、市政関係者の相互訪問など、いくつかの運動について、最近ようやく一次資料にもとづく研究がなされ始めてきた。この流れは、経済面でのグローバル化と比べて目立たなかったが、むしろ一九一四年以降にも持続されていったという点では、国家中心主義に対する、より強力な挑戦者だったともいえる。しかしながら、そのような動きにもかかわらず、主権国家の枠組みは崩れなかった。その一つの理由は、文化国際主義者のあいだで、帝国主義への抵抗が強かったと同時に、民族自決主義への同情と支持も見られたことがあげられる。皮肉なことに、非国家団体によって、民族解放や新興国家建設の概念が唱導されるのである。そのようなこともあって、国家の存在を前提とした国際社会はなかなか変化しなかった。

大国間の抗争としての第二次世界大戦が終わると、今度は一方で冷戦が始まり、他方で植民地の解放と新興国家の国づくりが始まる。双方とも、主権国家という主題を再確認するものだった。世界に存在する独立国家の数が飛躍的に増大するとともに、そのような国家間の対立も激化し、戦争のない時期はほとんどなくなってしまう。もっとも一九四五年以降になると、再グローバル化の動きが強まり、一方国連などの国際行政機関や非政府組織(NGO)の活躍によって、グローバル・ガバナンスも従来と比べて複雑性を増していくのである。

一八七〇年代以降のグローバル・ガバナンスは根本的には国際関係と同意義だった。すなわち、主権国家間のかかわりあいによって世界に何らかの秩序ができあがっていった、あるいは秩序が崩壊してしまう過程である。グローバルな秩序というものを複数にとらえて世界秩序 world orders として考えると、その秩序 order の一つが国際体系 international system、すなわち主権国家のつくり上げるシステムだったということになる。それ以外にも、国際経済や国際ＮＧＯなどによって形成される世界秩序 world orders も存在していたが、第二次世界大戦を終わってからしばらくのあいだは、主権国家同士の関係がグローバルな秩序の根底をなしていたといえる。

それが変化し始めるのは一九六〇年代に入ってからである。アメリカの小説家アルビー Edward Albee が一九六六年に発表した作品に『もろいバランス』A Delicate Balance という小劇があるが、まさにこの頃、米国のみならず多くの国で、政治や社会のバランスが失われ始めていた。この戯曲では家庭という、いわば人間生活のもっとも基本的な存在を取り決める規約や黙約がバランスを崩していく模様が描かれているが、同じような現象がより大きな単位の組織、すなわち国家や国家を中心として形成された世界が壊れかけたということも示唆していたのだといえる。その世界とは、一方で冷戦、他方では福祉国家あるいは新興国家という、国を中心とした枠組みである。もちろん常に不安定な現象ではあったが、何らかのバランスを保っていた。少なくとも世界一般が理解しうるイメージがあった。人類の大多数にとって、国という概念が自己定義（アイデンティティ）の出発点だった。

そのような、いわば暗黙の了解が挑戦を受け、一九四五年以降の秩序のみならず、一九世紀以来の国家中心的な世界への疑念や抵抗が明確になるのが一九六〇年代になってからのことである。その移り変わりをもっとも劇的に示したのが欧米（東ヨーロッパを含む）や日本、さらには中南米などで見られた反体制運動である。最近の研究でも、当時の抵抗（プロテスト）が国境を越えたグローバルなものだったことが明らかにされている。例えばアメリカの黒人リーダーの一部、特に反国家的思想を持っていたものは、ドイツの左翼学生指導者と密接に連絡をとっていた。各地の運動に共通していたのは、国家権力や政府主導の政治に対する反発である。（中国における文化大革命は、必ずしも同じ性格のものではなかったが、欧米における抵抗運動の中で、毛沢東主義をよりどころとして体制崩壊を唱える者も出現した）。当時のプロテストはやがては下火となり、過激運動への反動として保守勢力が台頭する国（例えば英米）もあった。しかしながら、一九六〇年代の世代が崩し始めた「デリケート」なバランスは、再び強固な形で構築されることはなかった。

これが一九七〇年代以降のグローバル・ヒストリーの意味だといえる。世界において国家の持つ役割や権力が相対的に後退し始め、主権独立国家以外の存在によってつくり出される秩序、いわばトランスナショナル・オーダー transnational order が、従来のインタナショナル・オーダー international order と並んでグローバル・ガバナンスを形成するようになる。トランスナショナル・オーダーの中には、グローバル経済によってつくられるものや、ＥＵなどの地域秩序も含まれる。もちろんそのような秩序の中でも国家の役割が消滅したわけではなく、政治学者のあいだではこの点がしばしば強調されるが、歴史の変遷の上では、一九七〇年代以降の世界において、主権国家と並んでいくつかの存在が重要性をましていったこと、そして国家そのものの権威や権力も以前と比べて相対的に減少していったこと、したがって世界史は新しい時代に入ったのだということが可能である。一八七〇年から約百年続いた時代に代わって、新しい時代、すなわち現代が開幕したわけである。本書の第I部に収められた諸論文は、まさに現代史を解読する上で重要な資料である。

もちろん一九七〇年代以降といえども、国家は厳然として存在している。しかし一九六〇年代的な革新派にとっても、その後台頭した新保守主義者にとっても、二〇世紀を通して一般的となった「大きな政府」への反動があり、国家よりは市民社会、あるいは市場の原理に優位を置こうとする傾向が強くなる。経済面でのグローバル化、社会面での文化多様主義などが推進され、人間のアイデンティティの骨格として国家への帰属意識が薄まっていく。保守派にとっての原理主義的宗教、リベラル派にとっての「ニュー・エイジ」思想（国家その他の存在を仲介とせず、個人をグローバル・コミュニティと直接結びつけようとする運動）などは、国家中心主義に代わりうるよりどころを求めようとする動きを表している。

したがってグローバル・ガバナンスなるものが可能性を持ってくるようになったのも、現代世界においてのことだといえる。本書の第II部が示すように、一九世紀以前の世界において存在したグローバル・ガバナンスは、まだ地域的規模のものであった。その後、一九世紀後半からは国家を中心としたインタナショナルな秩序あるいは無秩序がガバナンスの骨格をなしていく。しかし現代では、市場経済がつくっていくグローバリゼーションのルール、国家主権をある程度限定する地域統合体などのリージョナリズム、国境を越えて市民社会や個人が結びつくトランスナショナリズム、民族、宗教、文明のように国の枠組みに入らない存在の地球レベルでの結びつきなど、多様な要素によって形成される、あるいは形成されつつあるのが現代のグローバル・コミュニティであり、グローバル・ガバナンスである。

過去と現代とを結びつける作業としての歴史学も、国家以外の存在を考慮に入れると新しい視野を提供できるであろう。国家中心の歴史研究においては、国家の形成や発展、そして対外進出、戦争、戦後和平などが主なテーマとなり、その流れの上に現代があるのだと理解される。しかし、そのようにして理解された歴史においては、過去と現代とのあいだに質的な相違があるわけではない。しかし新しいグローバル・ヒストリー、トランスナショナル・ヒストリーの枠組みでは、国家が相対化されるため、時代の移り変わりがより鮮明になるであろう。本書はその意味でも歴史研究にきわめて革新的な貢献をするものである。

脇村　孝平（わきむら・こうへい）

1954年生まれ、大阪市立大学大学院教授

専攻：インド社会経済史

主要著作：『飢饉・疫病・植民地統治——開発の中の英領インド』（名古屋大学出版会、2002年）、『疾病・開発・帝国医療——アジアにおける病気と医療の歴史学』（編著、東京大学出版会、2001年）

陳　來幸（ちん・らいこう）

1956年生まれ、兵庫県立大学経済学部教授

専攻：中国社会経済史、華僑華人論

主要著作：「中華総商会ネットワークの起点とその役割」『商大論集』57巻2号（2005年）、『落地生根——神戸華僑と神阪中華会館の百年』（共著、研文出版社、2000年）

大石　高志（おおいし・たかし）

1966年生まれ、神戸市外国語大学准教授

専攻：南アジア近現代史

主要著作："Indian Muslim Merchants in Mozambique and South Africa: Intra-regional Networks In Strategic Association with State Institutions, 1870s-1930s," in *Journal of the Economic and Social History of the Orient,* Leiden, Brill, Vol.50, No.2-3, 2007；"Indo-Japan Cooperative Ventures in Match Manufacturing in India: Muslim Merchant Networks in and beyond the Bengal Bay Region 1900-1930," in *International Journal of Asian Studies*, Vol.1 No.1, 2004, Cambridge University Press.

入江　　昭（いりえ・あきら）

1934年生まれ、ハーバード大学名誉教授

専攻：国際政治学、アメリカ外交史

主要著作：『歴史を学ぶということ』（講談社現代新書、2005年）『権力政治を超えて——文化国際主義と世界秩序』（篠原初枝訳、岩波書店、1998年）など多数

執筆者紹介

城山　英明（しろやま・ひであき）
1965年生まれ、東京大学大学院教授
専攻：行政学、科学技術と公共政策、国際行政論
主要著作：『国際援助行政』（東京大学出版会、2007）、『国際行政の構造』（東京大学出版会、1997）

河島さえ子（かわしま・さえこ）
1978年生まれ、旧ユーゴスラビア国際刑事裁判所、法務官補
専攻：国際刑事法、国際人権法
主要著作：The Right to Effective Participation and Ainu People, *International Journal on Minority and Group Rights*, Volume 11 (2004).

元田　結花（もとだ・ゆか）
1971年生まれ、北海道大学特任准教授
専攻：国際政治、開発学
主要著作：『知的実践としての開発援助――アジェンダの興亡を超えて』（東京大学出版会、2007年）

籠谷　直人（かごたに・なおと）
1959年生まれ、京都大学人文科学研究所教授
専攻：近代日本経済史
主要著作：『アジア国際通商秩序と近代日本』（名古屋大学出版会、2000年）、『1930年代のアジア国際秩序　』（共編著、渓水社、2001年）

城山　智子（しろやま・ともこ）
1965年生まれ、一橋大学大学院准教授
専攻：中国・アジア近現代経済史
主要著作：*China during the Great Depression: Market, State, and the World Economy, 1929-1937* (Harvard University Press, 2008)、「1930年代中国と国際通貨システム：1935年幣制改革の対外的・国内的意義に関する一考察」『国際政治』146号、2006年

編者紹介

遠藤　乾（えんどう・けん）

1966年生まれ、北海道大学大学院教授

専攻：国際政治、EU論

主要著作：『ヨーロッパ統合史』（編著、名古屋大学出版会、2008年）、『グローバル化時代の地方ガバナンス』（共編著、岩波書店、2003年）、*The Presidency of the European Commission under Jacques Delors: The Politics of Shared Leadership* (Macmillan, 1999)

【未来を拓く人文・社会科学シリーズ07】

グローバル・ガバナンスの最前線――現在と過去のあいだ

2008年3月10日　初版　第1刷発行　〔検印省略〕

＊定価はカバーに表示してあります

編者©遠藤乾　発行者　下田勝司　印刷・製本　中央精版印刷

東京都文京区向丘1-20-6　郵便振替　00110-6-37828

〒113-0023　TEL 03-3818-5521(代)　FAX 03-3818-5514

E-Mail tk203444@fsinet.or.jp

発行所　株式会社　東信堂

Published by TOSHINDO PUBLISHING CO.,LTD.

1-20-6,Mukougaoka, Bunkyo-ku, Tokyo, 113-0023, Japan

ISBN978-4-88713-816-2　C0330

「未来を拓く人文・社会科学シリーズ」刊行趣旨

少子高齢化、グローバル化や環境問題をはじめとして、現代はこれまで人類が経験したことのない未曾有の事態を迎えようとしている。それはとりもなおさず、近代化過程のなかで整えられてきた諸制度や価値観のイノベーションが必要であることを意味している。これまで社会で形成されてきた知的資産を活かしながら、新しい社会の知的基盤を構築するためには、人文・社会科学はどのような貢献ができるのであろうか。

本書は、日本学術振興会が実施している「人文・社会科学振興のためのプロジェクト研究事業（以下、「人社プロジェクト」と略称）」に属する14のプロジェクトごとに刊行されるシリーズ本の1冊である。

「人社プロジェクト」は、研究者のイニシアティブを基盤としつつ、様々なディシプリンの諸学が協働し、社会提言を試みることを通して、人文・社会科学を再活性化することを試みてきた。そのなかでは、日本のあり方、多様な価値観を持つ社会の共生、科学技術や市場経済等の急速な発展への対応、社会の持続的発展の確保に関するプロジェクトが、トップダウンによるイニシアティブと各研究者のボトムアップによる研究関心の表明を組み合わせたプロセスを通して形作られてきた。そして、プロジェクトの内部に多様な研究グループを含み込むことによって、プロジェクト運営には知的リーダーシップが求められた。また、プロジェクトや領域を超えた横断的な企画も数多く行ってきた。

このようなプロセスを経て作られた本書が、未来の社会をデザインしていくうえで必要な知的基盤を提供するものとなることを期待している。

2007年8月

人社プロジェクト企画委員会
城山英明・小長谷有紀・桑子敏雄・沖大幹